U0058022

如何成為全人教師
The Holistic Teacher

John P. Miller 著

張淑美　校閱

李昱平、張淑美　譯

The Holistic Teacher

John P. Miller

© 1993 OISE Press Inc.

目錄

PART *1* 理念篇

PART *2* 方法篇

PART **3** 教學篇

如何成為全人教師

The Holistic Teacher

作者簡介

John P. Miller 博士是加拿大多倫多大學安大略省教育研究院（Ontario Institute for Studies in Education at the University of Toronto, OISE/UT）之「課程與教學學系」教授，並擔任 OISE/UT 的「教學發展中心」主任。

校閱者簡介

張淑美

學歷：國立高雄師範大學教育學系哲學博士
　　　美國加州州立大學 Fresno 校區博士後研究
現職：國立高雄師範大學教育學系教授
經歷：中學教師、大學助教、講師、副教授
　　　美國死亡教育與諮商學會終身會員
　　　中華生死學會第一、二屆理事
　　　高雄市生死教育手冊指導委員
　　　教育部高中暫行課程綱要生命教育類科「生死關懷」科研擬
　　　教育部高中課程綱要「生命教育」科審查委員
　　　教育部「推動生命教育諮詢委員會」第四、五、六屆委員
　　　主持教育部生命教育中程計畫草案（2010～2013、
　　　　2014～2017）研擬計畫
　　　台灣生命教育學會終身會員與第一、二屆理事
　　　高雄市市政府「友善校園輔導小組」——生命教育委員
　　　高雄市市政府「殯葬設施審議委員會」委員
　　　佛教蓮花臨終關懷基金會「生死教育委員會」委員
　　　世界宗教博物館生命領航員聯誼會諮詢委員
著作：專著《死亡學與死亡教育》（高雄市：復文）
　　　　《生命教育研究、論述與實踐——生死教育取向》

（高雄市：復文）

編著《中學生命教育手冊》（台北市：心理）

審訂《生與死的教育》（台北市：心理）

合著《生命教育》（台北市：心理）

　　《實用生死學》（台中市：華格那）

合編《生命教育》（高中職用書）（新北市：泰宇）

　　《生死關懷與生命教育》（新北市：新頁）

合譯《生死一線牽——超越失落的關係重建》

　　（台北市：心理）

　　《學校為何存在？美國文化中的全人教育思潮》

　　（台北市：心理）

　　《如何成為全人教師》（台北市：心理）

主譯《生命教育——推動學校的靈性課程》

　　（台北市：學富）

　　《生命教育——全人課程理論與實務》

　　（台北市：心理）

發表生死學、生命教育等相關研究與論述著作數十篇

譯者簡介

李昱平

現職：高雄市中山工商輔導處輔導教師兼資源組長

學歷：國立高雄師範大學教育系博士候選人

國立高雄師範大學教育系生命教育碩士班

高雄醫學大學心理系

經歷：參與教育部生命教育中程計畫草案（2010～2013、

2014～2017）研擬

著作：編著《生命教育》（新北市：泰宇）

編著《生命教育》（台南市：美新）

編著《生涯規劃》（台南市：美新）

合著《生死關懷與生命教育》（新北市：新頁）

發表多篇生命教育、靈性健康、生命態度、生涯輔導等相
關論著

張淑美

（見校閱者簡介）

作者序

　　這本書是我之前所寫的《具慈悲心的教師》（*The Compassionate Teacher*）一書的修訂本，由於那是十五年前所寫的書，所以我在本文中有大量的修改。最主要的改變在於早期的書談到超個人（transpersonal）的教育，而這本書主要在談全人教育的概念，全人教育已變成今日的主流，但超個人的教育卻從未流行。在第一章我將討論全人教育在今日會獲得重視的原因。

　　雖然整個文章脈絡及書名都已改變，但書中的主題本質並沒有改變，也許這樣的本質可引用愛默生（Emerson）的話來表示：

　　　　對於任何正直的心靈、任何我所謂跳動的心以及那些致力奉獻於教育的人，用簡單的生活、無止盡的靈魂，來學會激勵、糾正、指導、培育以及美化的行為，透過這些行為的引導，能讓那些受教者了解如何將這些概念實踐於生活中。你用這些深層的概念來彩繪你的人生，這些深層的概念不僅是那積極奮發的努力，同時也包含你的行為與全心臨在。

　　當我討論此書時，我相信愛默生所提到的「臨在」（presence）對全人教育而言極為重要，全人教育最終不只來自一個政策的宣示或者只是一連串教學技術，而是源自於愛默生所謂的我們的「深層」（depth）或「臨在」。這種難以理解的「深層」，

與我們的核心、我們的心靈、我們本身的肉體以及本性真我（Self）或者我們的靈魂都有關。本書的設計就是用來協助我們與深層以及真我相互關聯，好讓我們成為更有效能的教師。簡而言之，我相信在我們文化中的教育，我們寧願選擇重視技術與短時間內可看見成效的方式，而不願尋求一種較難量化卻較有力量的方法。具有「深層」與「臨在」的教學方式，可以讓教學變成一種實踐深層的經驗。

我想將此書獻給那些在OISE參與我的課程的同學們，他們豐富充實了我的生活，也讓我獲得了許多在生活與工作上所發現到的「深層」。

謝辭

感謝以下這些允許我引用其著作的作者們：

第 23 頁、79-80 頁、84-85 頁、118 頁，摘自 Mike Samuels, M. D. 以及 Nancy Samuels 所著的 *Seeing With Mind's Eye*。Mike Samuels, M. D. 以及 Nancy Samuels，1975 版權所有。

第 120-122 頁，摘自《*New Age*》雜誌（1977 年 12 月）出版，刊載於第 87 - 88 頁，Stephanie Herzog 所寫的〈Meditation for Children〉一文。

第 92-94 頁，摘自 George A. Sheehan 所著的 *Running & Being*。George A. Sheehan，1978 版權所有。

第 63-70 頁，摘自 John P. Miller 所寫〈Contemplative Practice in Education：An Experiment in Teacher Education〉，刊載於 *Journal of Humanistic Psychology*。

校閱者序

滋養「生命」與「教育」的靈性，成為喜樂的老師

　　各位親愛的讀者，歡迎進入讓您的工作與生命合而為一，成為一位「全人教師」的旅程。

　　要正式進入這項喜悅的生命之旅前，請您用最喜歡或最放鬆的姿勢坐下或躺下……用澄靜開放的心情，如果能配合讓您心靈平靜的音樂也許更好……，先不要打開書頁。請心平氣和地默念或觀想下列這些字眼：「全神貫注（mindfulness）、活在當下、和諧關聯、專注、想像、創意、自信、自省、自律、分享、合作、關懷、寬恕、幸福、完整的、慈愛的、尊重的、終極的、真實的、真誠的、健康的、有意義的、助人助己的、成人成己的、身心靈平安的、內在的喜悅與成就感、如所從來的真我……」。

　　然後保持著當下的心平氣和在每個時刻中，選擇翻開本書目錄，瀏覽整本書的架構，您會被這本書所吸引，知道這本書將為您精簡有力地揭開「全人教育」的「理念」、成為具有全人生命力的「方法」，以及如何將全人教育落實在「教學」中；如果想要先清楚了解何謂「全人教育」，您可以讀第一章，將會被全人教育的三個核心理念：「平衡的（和諧的）」、「總括性的（包容的）」與「關聯性的（連結的）」所吸引，讓您自然地置身在全人教育的脈絡中；您也許想要先體驗全人的感覺，那麼「方法

篇」提供您從行住坐臥日常生活中選擇「靜默沉思、想像力與運動」等適合的法門，只要您覺得契合與感受到前一段字眼中的某一個或某些情境，那就是最適合您的方法了。相信它、修練它、納入它，在您的生活中，活出全神（心神）貫注的生命；您還是對全人教育納悶嗎？可以從最後一章（第八章）總結讀起，您可能的疑問會得到清晰的討論，並且更簡潔呈現修練全人生命的途徑。

這是一本教導如何活出全人的獨特生命、活出尊嚴喜悅，與自己、他人、環境、宇宙等關係「緊密關聯、締結」的生命教育手冊。適合每一位希望協助自己與他人活出「**生命**」靈魂的人；對生命教育、全人教育有興趣的人，更不能錯過這本精簡而溫馨的好書。不管是自我修練的學生、社會人士、家長，以及學校或社會中的「老師」，本書更是讓我們的「**教育**」生命展現靈魂與能量的秘笈，找回原來存在於深層真我（Self）中的法門。尤其身陷政治、名利糾葛中的公眾人物、企業家，更適合讀這本書，因為全人生命的修練，沒有宗教與道德教條的約束，是輕鬆自由地邁向真實的權力、平安喜樂的幸福之道。

最後，仍要再次邀請您一起來修練如何讓自己與他人（學生與親友）的生命變得更安適自在。如本書最後引用英國作家柴斯特頓（Chesterton）的話：「天使之所以能飛，是因為他們能讓自己很輕盈」，也祝福我們自己與學生的生命充滿豐盈的愛、安詳、意義與喜樂。

張淑美　序於 2008 年 8 月

譯序

　　在「主客」與「心物」二分、「個人」與「社會」對立、強調人力戰勝自然的環境中，人們漸漸只關心「肉體」與「經驗」的層面，這個結果造成人們對物質世界的了解相當多，但是對於其他部分的感受卻是愈來愈冷漠，甚至沒有反應的現象。同樣的，教育環境也受到上述的影響，「學校」彷彿成了一個進行精密訓練的單位，「學生」成為被訓練的對象，而「教師」則是訓練的執行者。彷彿學生只要進入這一個單位，都可能會變成一模一樣、技術純良的「專家」，然後成為就業市場中待價而沽的「商品」。這與馬斯洛（Abraham H. Maslow, 1908-1970）、羅傑斯（Carl Rogers, 1902-1987）等知名的人本主義心理學大師在二十世紀初極力主張的全人教育、甚或是與中西傳統教育理念是背道而馳的。

　　全人教育指的是能夠提供完整的一套兼具深度（專業）及廣度（通才）的學習，進而使「自我」充分展現成為「個人」，培育博雅素養，實踐「知識探索」與「人文關懷」的一種教育模式，全人教育也是一種強調連結關係（connections）的教育，而這連結關係的主體就是教師。本書作者米勒（John P. Miller）認為如果教師感受到的各項事物是不完整或受挫的，便很難讓全人學習產生。本書的重點，即在於提供教師如何透過特定的方法來更深層地面對或覺察自己的教學，或與學生的互動，進而如何讓教室情境更為順暢，藉以提高自己與教學間的連結能達到內外和諧的狀態。在此狀態中，我們已不再以某個僵化的模式來看待事情及其發展

結果，因此，如果事情不如我們預期當中的順利發展，我們也不會對自己或學生感到沮喪。

　　本書的第一部分描寫了全人教師需具備的特質，這些特質包含了解與學習、熱情以及真實面對自我與他人。第二部分則把焦點放在個人優勢的發展上，以及教師可如何運用不同的方法，例如靜默、心像法及運動等來協助個人成長；另外有些方式如冥想、想像及身體活動等，則能讓教師沉靜下來並集中自我，當教師們能集中自我並深化個人的內在生命時，就能擁有更多的內在力量來協助學生在身體、情緒與心靈方面有所成長。最後，也會在書中利用六個章節來討論特定的班級經營策略。

　　本書得以順利出版，特別要感謝恩師張淑美教授的推薦，並且在繁忙的教學與研究工作中仍抽空指導及審閱，也感謝心理出版社的林敬堯總編輯，和編輯林汝穎小姐細心校正。此外，內心對辦公室同仁江英綺老師的支持和協助亦有無限的感激，那一段一起思考、討論以找出原書真意，甚至是彼此分享書中心得的時光，是很美好的回憶。

李昱平

如何成為全人教師

The Holistic Teacher

Part *1*
理念篇

全人教育

✳

「我們所持的信念為何,我們就會如是教。」

——愛默生

自 1988 年以來我親眼目睹了全人教育的成長,那一年我和尼加拉瀑布附近的某一所學校共同合作,執行一項適用於全人教育課程的方法,而在五年內我也看到了這所學校以外的其他地方開始對全人教育逐漸產生興趣,像安大略省目前主張將全人教育視為在學習上的主要課程。例如:在安大略省的教育與訓練部曾在「通識課程」上,聲明這個政策的五個主要部分的其中之一:「全人教育所持的一個重要觀點是,它強調與觀念、與人、與現象之間的連結和關係」(p.1),這份文件同時宣稱:「所有的教學都需反映出現實生活經驗中那複雜且互有關聯的全人觀。」(p.6)

當然,教育部的政策聲明並不能保證全人教育的體現,全人教育最終會來到由教師在教學中連結個人的經驗而走向整體化的

目標。愛默生所謂的「我們所持的信念爲何,我們就會如是教」,基本上就是一個全人教育的概念,這本書就是關於教師們如何意識到「真我」(Self)與教學間的關聯。

在美國也發現對於全人教育的興趣明顯增加,其中一項指標就是 1988 年《全人教育評論》(*Holistic Education Review*)這份刊物出刊,裡頭有很多關於全人教育的計畫與活動。我相信這股對全人教育興趣的興起與全球變化有關,包含對環境有更深入的關心以及新興起的神聖莊嚴感(Rifkin, 1991)。此變化喚起對生命互有關聯性的意識,而這也是全人教育的核心價值。

透過對環境的覺醒,許多人也意識到生命的相互關聯性,美國前副總統高爾(Al Gore)在他的書《瀕危的地球》(*Earth in the Balance:Ecology and the Human Spirit*)也明示這樣的概念,包含環境破壞的課題。高爾警告:「除非我們能找到一急劇而根本性的方法來思考並改善人類與環境之間的關係,否則我們的下一代將會繼承一片荒地。」(p. 163)高爾同時也下了結語:「當我對地球環境危機的根源問題了解得越深入,我越相信它源自於內在的危機,也就是靈性的缺乏。」(p. 12)

近年來,世界各地的科學家以及宗教領袖也共同簽署了以下的聲明:

> 身為科學家,我們中間有許多人深切體驗到對宇宙的敬畏與崇敬,我們了解越被視為神聖的,越能被待以尊重與關懷。我們的地球也應如此被對待,我們應該用一種神聖的觀念來保衛與珍視地球。
>
> 〈保衛與珍視地球〉:一份科學界與宗教界的共同承諾與呼籲(引用自 Knudston & Suzuki, 1992)。

這些改變的基礎源自於生命體間的關係越來越密切，這種觀點與整體觀或生態觀有關，亦即個體不視他們本身為單獨的存在，而是與整體的大環境有所關聯，這樣的觀點也稱為「系統化思考」（systems thinking）（Senge, 1990）。這與組織的變化也有關聯。聖吉（Senge）主張如果企業組織想要生存，就要採用系統化思考，那些老舊的、片段的方法並無法處理組織的問題。聖吉聲稱：

> 在很早以前，我們被教導要打破問題本身，片段地詮釋這個世界，雖然這明顯可使複雜的問題變得更好處理，但我們卻付出更高昂的代價，我們再也無法看到行為的結果，同時也失去了對與我們連結的外在整體環境的辨別力。（p. 1）

聖吉聲稱：「學習型組織的核心就是一個能彈性轉化的心智——能視我們本身為獨立於世界的個體，同時又能與整個世界有關聯。」（p. 12）在系統化思考下，工作不再被認為僅有工具性的目的，同時也具有內在價值，由此觀點可知，工作已被視為是神聖的。

許多公司為了求生存，必須嘗試用許多不同的方式將公司組織起來，其中，可以輕易地發現，若公司組織將統治權集中被認為食古不化，因此，企業必須重新建構成較小、較有彈性、較少階級之分的單位。其中有家公司就是一個以全人傾向為主的成功例子，它就是美國通用汽車（GM）集團旗下的釷星（Saturn）汽車，他們的車子被評價為北美顧客滿意度最高的車子。當我們翻開釷星汽車的簡介手冊時，首先映入眼簾的是該公司的理念：「每位在此組織的個體都有共同的使命，那就是製造更高品質的產品。」這個公司似乎要讓所有員工都有這樣的系統性思考，也就是聖吉所說的讓每個員工能感受到並認同公司的願景。

我發現一個有趣的現象,目前許多企業已經朝向一個較全人或系統性思考的工作方式,且教育團體也朝著此方向發展,但有些媒體與家長團體卻依然相信學校的教育方式仍要依循舊有的工廠運作模式,在此種模式下,學生井然有序地被安排好,並以傳統的標準化測驗結果來與他人競爭。然而社會的變動很快速,大眾要求學校維持傳統舊有的方式是很無意義的,我們將會看到在全球化的改變下,學校也會受到影響而跟著變動。

♣ 全人教育:平衡的、總括的與關聯性的

全人教育可經由不同的架構或象徵來描述,在這裡我將從平衡的、總括的、關聯性的三個面向來說明全人教育。我們可以從幾個極端的面向來看全球性的改變。下面列出幾項極端的面向,左列者是過去西方在工業社會下極具支配地位的部分;右列者,我相信代表的是目前開始引人注意的部分,亦即越來越講求平衡、適當的關係。

男性	女性
獨立	共依存
量	質
外在	內在
理性	直覺
經濟	環境
階級	網絡
科技	良心
物質	心靈
國家	地球村

在檢視這些兩極化的面向時,我們必須了解左列與右列者將會逐漸取得一個平衡和諧的關係,因此我們不可視任何一邊是「壞」的,或另一邊爲「好」的,若視其中一邊比另一邊更爲優

越，甚至具有支配性地位的話，將會產生許多問題。比較健康的做法是在兩者之間找到平衡、和諧的關係。

○ 男性／女性

　　一些學者認為女性主義是本世紀一項重要的運動，這不只表示女性在社會上開始處於領導地位，同時也逐漸取代那些以往被男性所掌握、扮演的角色。同時，那些被視為女性特有的特質，如：直覺、關懷，目前也被認為對所有人類而言是重要的（Noddings, 1984；Noddings & Shore, 1984）。不僅女性主義被視為是兩極化面向的一部分，整個性別意識的領域也被重新檢視，它的對象不僅為女性，有些作家如：比萊（Bly），認為它也包含男性，現今的男同性戀與女同性戀較勇於為自己的權利發聲，並希望可以獲得認可，性別的角色也重新被定義與延伸。值得注意的是，當右列的這些特質逐漸受重視之際，就會引起那些重視左列者的擔心與恐懼，而這種恐懼有時會引發暴力來反抗女權，甚至立法來阻擋這些男同性戀者，亦即當右列者逐漸取得與左列者的平衡關係時，有時會引發一些暴力或衝突。

○ 獨立／共依存

　　西方工業化社會視獨立、自主為重要的價值觀，在美國我們甚至可以看到較典型又極端的例子──強調「堅固、強悍的個體」，例如：約翰‧韋恩（John Wayne）。同時，在郭爾堡（Kohlberg）和皮亞傑（Piaget）的道德發展階段中，亦將「自律」視為最高層次的發展。然而現今我們不再將個體視為「孤島」，而是與周遭環境或群體有更多的連結；不僅如此，系統性思考的觀點以及企業中重視「質」的循環也反思了這樣的風潮，這種越來越重視合作學習的趨勢，更在教育中開展。

○ 量／質

西方工業化社會以國民生產毛額（GNP）或毛利所得來強調量產的重要性，在學校也實施標準化測驗來評估成效。然而，近十五年來發展出質性評估，卻開始重視事物的意義與闡釋，而非只是數字本身而已。我特別注意到，在我工作的系所有許多博士論文主要都以質性研究為主，在評量方面目前也趨向於重視個體實際上能實踐技能的能力。

○ 外在／內在

本世紀行為學派處於心理學界的龍頭地位，雖然目前認知心理學有凌駕於上的趨勢，但在商業與科技上依然很強調「可觀察的」這個部分，當產品的成果比製作過程更受到重視時，「輸入」與「輸出」也會被強調。相對地，有一種觀點認為外在世界是內在世界的反射；換句話說，當我們內心充滿貪婪或厭惡感時，那麼這個世界明顯地也會出現這樣的特質。不同形式的冥想讓我們發現這點，並提醒我們對內在生命做更多的省思，當我們讓內在的生命變得更加「清明」時，對外在的整個環境而言，也有較多的機會能變得更好。

○ 理性／直覺

近年來，我們支持許多理性、線性的方法，特別是那些經過專家保證的部分，但卻傾向否定自己直覺能力的存在。理性的人通常被視為是最理想、明智的問題解決者，同時有許多這類型的人也聚在一起一同解決棘手的「問題」，如：越南問題、貧窮等等。然而，從 1960 年後我們開始學到，過多的表格或數學公式常會使我們漠視那些不易被肉眼所察覺的部分。艾森伯格（John

Eisenberg, 1992）已明智地指出「理性」的方法對教育、法律、道德……的影響，往好的方面來說，它使我們天真地看待問題，從不好的方面來說，這卻是有危險性的。然而使用我們的直覺來看待事情，有時可幫助我們更深入地用較為全人的方式來處理問題，我將會在第二章更充分地探討直覺。

○ 經濟／環境

西方工業化社會仍持續強調經濟成長的重要性。然而，我們開始目睹臭氧層破洞變大、酸雨量增加以及溫室效應的持續。直到近二十年我們才意識到經濟成長對環境的影響，如今我們被迫檢視經濟成長與環境之間的關係，而環境的危機讓我們看到所做的任何事都與我們生存的環境息息相關，甚至會造成衝擊。簡而言之，當臭氧層破洞與溫室效應的情況不斷惡化時，為求人類的生存，我們就必須用生態學或全人的觀點來看待這個問題。

○ 階級／網絡

西方工業化社會典型的組織模式就是階級，人們想成功就要不斷地在工作中往上爬。在心理學的發展理論中，特別是皮亞傑與郭爾堡的理論也是有階段之分的。

就組織而言，它也漸漸從階級之分趨向水平性的網絡組織，有些學者如湯姆·彼得斯（Tom Peters）認為若在一個大團體下，將組織切割劃分為較小的單位，並下放掌控權或責任，是可以較有功能的，但組織也不可過於「分權」，大家必須了解覺察到任何一個小單位代表的都是整體的一部分，因此，組織裡如何在分權的「水平線」與有階級之分的「垂直線」找到和諧平衡的關係是很重要的。

○ 科技／良心

西方工業化講究科技文化，我們的生活因科技的發達而變得更加便利，同時科技也提升我們的生活品質，電腦與多媒體逐漸讓我們的環境變為地球村，科技的進步更形塑了人們彼此互動的方式，但我們卻不能全然地覺察這部分。

貝瑞（Thomas Berry）也提出這樣的告誡：我們已沉迷於科技的便利與益處中，以致習慣用科技的方法來解決問題，但如果能反思或意識到究竟科技帶給我們的是什麼，是比較適當的。如果我們的意識中總是充斥著貪婪與厭惡，那麼科技只會讓我們變得更不完整而已。因此，當我們使用科技時，若能多一份覺察，那麼我們的生命將會有較長足的改變，變得更加適切而美好。

○ 物質／心靈

物質主義是西方工業化社會在二十世紀的主流，它強調的是尋求各種不同形式的物質享受，當物質的享受增加時，我們對於那些無法親眼目睹或親手觸及的部分也會懷疑。同時，我們看待任何事物也會變得較工具性，希望物質具有可以提供用處或滿足我們所需的功能。

相對地，有一種強調「心靈」的見解則是認為所有的生命甚至地球本身都有其內在本質神聖的一面，所以我們應該用更崇敬的態度去代替舊有的「工具性」眼光來看待萬物。這種截然不同的觀點並不是要去否認追求物質享受的重要性，而是再次強調西方工業化社會下傾向削弱對「神聖感」的重視。然而，今日環境的變遷以及對人類傳統固有的價值與精神的重視已被喚起，讓人們更崇敬地看待生命中那非物質的、神聖的一面。

◯ 國家／地球村

從十八世紀開始，國家就一直在地理上具支配的地位，如今
這樣的優勢卻在日漸瓦解之中，取而代之的是因文化或語言因素
而形成的地區，這樣的改變在中歐或前蘇聯是較為明顯的，而處
於任一國家中的少數民族都可感受到這樣的趨勢。另外一股力量
是全球互相依賴的理論，自由化貿易讓國家的經濟變得更加全球
化，因而像歐盟這樣的組織也在冷戰後期的世界開始崛起。我們
不清楚一個新的世界局面會如何呈現，但全球化作用在仲裁國際
紛爭或處理多元社會問題、健康等議題上，一定會持續扮演一個
主要的角色。

我們可以從許多不同的角度來看待全人教育，其中之一就是
將全人教育視為一種平衡的教育，也是一種在不同觀點下維持和
諧關係的教育。全人教育與全球化改變是一致的，它同時也尋求
在理性／直覺、外在／內在、量／質、獨立／共依存等，以及其
他我們之前曾提及的那些部分之間的一個適當平衡的關係。因此
兒童的智力發展在這個觀點下，便需與情緒、體能、美術、靈性
等的發展，維持一適當的平衡關係。雖然兒童的發展可能在某一
方面是較為突出的，但我們仍然不可忽視整體的重要性。舉例來
說，史坦勒（Rudolf Steiner）在兒童發展的觀點上就是一個全人
的概念，但他也認為兒童在其人生中不同的發展階段會有不同的
主要發展項目（例如：零到七歲是體能發展，七至十一歲是情緒
發展，十一至十六歲是智力發展）。

在這裡談的全人教育總是尋求一種平衡的和諧關係。一般而
言，當我們分割課程後，就會把焦點放在科目、單元或章節上，
缺乏一完整、全面性的觀點來鼓舞我們、給我們靈感；但在全人
教育中，就是要嘗試去連結單元與章節，讓它們變成是一個整體

的觀點，這樣的觀點可以彈性變化，同時也兼顧個體的完整性與相互依存的感覺。由此可知，全人教育就某部分而言，是希望在教育中創造一個「平衡和諧的關係」，讓許多性質不同的元素都可以取得平衡。而另一種有助於這平衡關係形成的方法，就是去檢視課程中是否包含多元化的傾向。

❧ 具總括性的

另一種要看到全人教育的方式，就是把多元的教育方向連結在一起，這三種不同的方向：傳遞（transmission）、交流互動（transaction）與轉化（transformation），在這裡將會用一個較為全人的方式來描述。

◎ 傳遞性取向

傳遞性學習是兒童獲得並累積知識技能的方式，他們可以透過閱讀一份測驗或聆聽老師的講解來學習。對他們而言，知識的牢記比了解其過程更為重要，而知識通常也會被切割成片段的一小部分，以幫助他們更快精通習得的知識技能。在我們剛開始學習一新的特定技能時，傳遞性學習是較為普遍的。舉例來說，為了駕駛，我們研讀駕駛手冊以幫助我們學習基本的駕駛法規，並順利地通過紙筆測驗。

在學習操作一項技能時，傳遞性學習比較多的行為是模仿與重複性，兒童透過模仿父母來學會說話。而在學習運動技能方面，例如打高爾夫球，則會先觀察教練的動作，並重複練習。

從歷史的角度來看，傳遞性取向已經發展很長一段時間，而且它包含兩個層面：一個層面是行為學派的，另一層面則是把焦點放在學生的學習上，而這樣的學習是採用較傳統的教學方式（例如：講述與背誦），不管是哪一部分，課程與兒童的關係可用下

圖來表示：

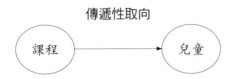

傳遞性取向

在行為這一層面中，它認為在傳統課程的教授、測驗的實施或知識的傳遞上，教師強調的是刺激—反應的關係，也就是我們熟知的「刺激—反應」聯結（S→R），其本質就是用單向的方式來傳遞知識或技能，至於在知識傳遞之後，則少有機會去獲得回饋或分析訊息。

○ 交流互動取向

交流性學習擁有較多的互動機會，儘管這樣的互動主要僅在認知層面。學生在交流互動性學習上通常著重在問題的解決或科學的探索，知識不僅被視為是由許多的小部分拼湊組合起來的之外，同時被認為是可以經由練習就能熟悉地加以操縱與處理。在交流互動性學習上，運用科學方法是典型解決問題的方式，杜威（John Dewey, 1938/1969）將科學方法界定如下：

> 真實的意思是我們對每天的生活中所擁有經驗之理解
> ……。因此，不管是什麼樣的經驗，除了馬上處理面對，或
> 者放棄想要操控這些經驗的念頭外，我們別無選擇。（p. 88）

交流互動方式最大的特徵就是強調師生之間的對話。

交流互動取向

然而，這樣的對話強調認知上的互動，認為分析比整體性更重要、思考也比感受更應被重視。奠基於交流互動取向的教學模式通常有一些科學探索或問題解決的流程，有時這些流程根基於特定的法則，像是物理、歷史，或其他較為一般常見的多元思考模式，此類學習者通常是理性的、聰明的或者是一位問題解決者。

○ 轉化性取向

轉化性學習承認兒童的整體性，課程與兒童的關係不再被視為是分離的，而是相互關聯的。

轉化性取向

轉化性取向的主要目標是人的整體性發展，學生不是僅具有學習能力或思考技能，而是被視為一個整體。的確，我們若不將學生視為一個完整的個體，我們就會降低其真實學習的可能性。持有此種轉化性取向的教師會使用一些策略，如：具創意的問題解決方式、合作性學習，或鼓勵學生產生更多元的連結，而這樣的連結不管是在個人發展或社會發展上，對學生都很有幫助。

在轉化性取向中我們也很在意其與不同學習方式之間的連結，從下圖的圖解中就可窺見一斑。

在這裡我們看到傳遞性取向占最小的範圍，而轉化性取向占最大的範圍並包含了所有。因此，「總括性」是全人教育中另一個重要的元素，只要學習的形式並不會降低個體性的話，那麼它就可以被涵蓋進來，而這樣的圖解不僅表示各個立場彼此相關，同時也表達了趨向於全人教育的態度。

🍀 具關聯性的

全人教育同時包含探索與產生關聯這兩件事，它企圖將對事物的理解從片段的方式漸趨於整體的思考。

全人教育強調的是彼此的關係，如：線性思考與直覺的關係、身體與心靈的關係、不同的知識領域之間的關係、個體與社群的關係、與地球的關係、自我（self）與本性真我（Self）的關係等等。在全人課程中學生嘗試檢視這些關係，以便從中獲得更多的覺察，並學習如何將其轉變為較適當的關係。

這種定義的核心概念強調關聯性，並在文章的敘述中有跡可循，這種關聯／關係將在下文中簡要描述。

○ 線性思考與直覺

全人課程企圖修補線性思考與直覺之間的平衡，我們可運用一些技巧，如：將象徵性或想像等抽象的概念與傳統的思考方法結合，如此一來，就可找到理性分析與直覺之間的綜合。

○ 身心之間的關係

全人教育探索身體與心靈之間的關係，並讓學生透過律動、舞蹈與戲劇，感受到兩者之間的關聯。

○ 不同知識領域之間的關係

我們可以運用許多不同的方法來連結學校各科目間的關係，例如華德福（Waldorf）教育方式能透過藝術來整合不同的科目，這樣的連結對北美的課程改革而言是非常重要的，同時也引起大家開始要求在不同教育階段中進行課程的整合。

○ 個體與社群的關係

全人課程認為學生與社群是有關聯的，這裡的社群指的是學校社群、國家或民族的社群以及全球社群。學生必須建立人與人之間的互動技巧、社群服務技巧及社會行動技能。

○ 與地球的關係

在我寫《全人課程》（*Holistic Curriculum*）＊一書時，我也補充這種關聯性的概念，事實上它包括了湯瑪斯・貝瑞（Thomas Berry）所說的傾聽地球上的聲音。西方工業化社會以後，我們再也很難聽到這些聲音，像是動物的鳴叫、小溪的潺潺流水聲或風的呼嘯聲等等。這種與地球的連結關係將我們自己視為是整個生命共同體中的一部分，是與地球密不可分的。

○ 自我（self）與真我（the Self）之間的關係

全人課程最終是希望讓我們了解自己內在最真實的本質，幾世紀以來，許多關於哲學與精神層面的傳統文化也經常討論人性內在本質中的兩個「我」，其中一個自己指的是歷經社會化過程

＊譯註：中文譯本書名為《生命教育——全人課程理論與實務》，心理出版社將於 2008 年下半年出版。

之後的自我（ego），它包含所有我們所扮演的角色，例如：妻子
／丈夫、父親／母親、女兒／兒子，以及其他我們在工作領域中
被界定的角色。而在這樣的自己之上，還有一個更高層級的我，
也就是所謂「更高的真我」（Higher Self），指的是我們的佛性，
或者是愛默生所說的「大真」（the big person）。這種深層的真
我，是當我們在聆聽音樂、單純地看著孩子玩耍，或認真投入於
工作時的那一刹那，才會真正顯現出來。我們的自我將我們視為
單獨於群體之外的獨立個體，並經常與他人永無止盡地競爭。但
真我卻視個體與其所生存的群體，甚至是賴以維生的周遭環境，
有很深的連結。

　　簡而言之，全人教育是一個平衡的（例如：講究和諧的關
係）、具總括性以及具關聯性的教育。

■ 全人教師 ■

　　本書的重點在於，我們如何用更深層的真我來面對教學或與
學生互動，這種內外在和諧的狀態就是所謂「意識層次的慈悲」
（Griffin, 1977）。

　　在這樣的層次中，我們不管對待自己或者面對學生的個別差
異，都要有一定的接納度。因為基本的信任感可以讓我們與班級
之間發展得更加順暢，這樣的信任感並不是基於我們的身分是教
師，或者因為學生的成績表現很好我們才如此，這種對個體的接
納度也不是指我們對自身教學或學生的學習狀況不投入，它指的
是我們不再用一個僵化的模式來看待事情及其發展結果。因此，
如果事情不如我們預期中的順利發展，我們也不必因而對自己或
學生感到沮喪。

　　這並不是說一個具慈悲心的老師在教學中沒有目標或主題，

全人教師對他們自己或學生都有較高的期待，同時，在教室情境中也必須要有更多的開放與彈性，因為具慈悲心的老師不會忽略學生的需求，所以也不會與學生有疏離感。

> 你並不是與學生競爭或處於對立的地位，你可以感覺到自己與學生是一體的，你也會更加地自在與放鬆、對學生較不具威脅性、想法與行動更有彈性、較不緊繃等等，因此教學就不是一場論輸贏的競爭了。（Griffin, p. 79）

在自我層次上，我們傾向讓學生來滿足我們的需求，當事情不順己意時，我們會變得嫉妒、挫折與憤恨，為了維持習慣的特定模式，我們不斷地陷入情緒的掙扎之中，寧可花大量精力來堅持固守我們的觀點，卻不願敞開心胸面對問題。如果教師花過多的精力只為了滿足自己在教學上的需求，這種內在的緊張感會影響學生的學習；反之，如果教師是穩定、平和的，學生的行為則較可能反映在意識層次。當然，在這種普遍原則下可能會有例外。

這本書談的主要是關於教師如何讓自己變得更有覺察力，以及教師如何用一些特定方法來讓教室情境更為順暢以幫助學生的發展。全人教育強調的是凌駕於我們自我需求之上的發展，甚至可以到達意識層次的慈悲，我相信全人教育必須源自於教師的努力，但我也認為透過學校的力量來提供一個人性化的教育環境有其必要。理想上來說，結合個體的力量與制度面的改變，就可以落實真正的全人教育。

除了理念外，我們也需要有方法，才能真正了解意識層次的慈悲內涵，本書第一部分描寫了全人教師需具備的特質，這些特質包含了解與學習、熱情以及真實面對自我與他人。光只有理念是不足的，我們也需要運用一些方法以協助在自我上有所成長，

並幫助教學情境的控制。本書第二部分則把焦點放在個人優勢的發展上，以及教師如何運用不同的方法來協助個人的成長，例如：靜默沉思、心像法及運動，有些方式像是冥想、想像及身體活動等，都能讓我們沉靜下來並集中自我，當我們能集中自我並深化我們的內在生命，就能擁有更多的內在力量協助學生在身體、情緒與心靈方面有所成長。

最後，本書簡短地討論全人教師在教師中的角色，也會在書中利用六個章節來討論特定的班級經營策略，雖然我在其他地方也已充分討論過這些議題，但再次檢視這些議題是很重要的。這本書是此一全人教育系列當中的第三本書（按：此指原文書之叢書系列），其他兩本分別是：《全人課程》及《全人學習》（*Holistic Learning*）。

 參考資料

Dewey, J. (1969). *Experience and education*. New York: MacMillan/ Collier Books (originally published in 1938).

Eisenberg, J. (1992). *The limits of reason: Indeterminacy in law, education, and morality*. Toronto: OISE Press.

Gore, A. (1992). *Earth in the balance: Ecology and the human spirit*. New York: Houghton Mifflin.

Griffin, R. (1977, February). Discipline: What's it taking out of you? *Learing*, 77-80.

Knudston. P., & Suzuki, D. (1992). *Wisdom of the elders*. Toronto: Stoddart.

Miller, J. P. (1988). *The holistic curriculum*. Toronto: OISE Press.

Miller, J. P., Bruce Cassie, J. R., & Drake, S. M. (1990). *Holistic*

learning: A teacher's guide to integrated studies. Toronto: OISE
Press.

Noddings, N. (1984). *Caring: A feminine approach to ethics & moral
education.* Berkeley, CA: University of California Press.

Noddings, N., & Shore, P. (1984). *Awakening the inner eye: Intuition in
education.* New York: Teachers College Press.

Ontario Ministry of Education & Training (1993). *The common curricu-
lum.* Toronto.

Rifkin, J. (1991). *Biosphere politics.* New York: Crown.

Senge, P. M. (1990). *The fifth discipline: The art and practice of the
learning organization.* New York: Doubleday.

Tarnas, R. (1991). *The passion of the western mind: Understanding the
ideas that have shaped our world view.* New York: Harmony.

理解與學習

✳

「當我們對事物感到驚奇，或者有了求知的渴望，
就是開始了解的時候。」
——奧德嘉・嘉塞（José Ortega Y. Gasset）

在全人教育中，教師會把自己視為一個學習者，學習是終生
性的，而非隨著學期的結束即告中止，也就是說，教師是一個終
生的學習者。以下我將從全人的觀點討論關於理解與學習的主要
假設。

○ 學習包含身體、情緒、智力與精神層面

學習不只是一個智力成長的過程，它包含我們生命中的其他
部分，如果我們否認這些部分就會影響我們的發展，就像在我們
生活中的生態系統裡若有任何一部分被忽略，便可能會影響我們
整體的身心發展。舉例來說，兒童在學習動能時若忽略了身體的

需求，則可能會對智力發展產生不利的影響。

○ 透過許多不同的方式來了解與學習

許多學者如迦納（Gardner, 1983）以及貝蘭克、克林奇、高德堡格和塔魯（Belenky, Clinchy, Goldberger & Tarule, 1986），都曾對人們的了解與學習做不同的描述，例如迦納認為多元智能包含七種類型：語文、邏輯—數學、空間、音樂、肢體—動覺、人際及內省。在學校的教育裡頭，我們把焦點放在語文和邏輯—數學兩個部分，但在全人教育則是需要涵蓋每個部分。

○ 學習包含努力與玩耍

學習需要我們努力去探索、了解並整合新的知識，而學習的困難度則依學生的個別差異或學習的特定主題而有所不同，因此我們必須體認學習的歷程是需要包含努力才能有所成，但在此同時，學習也兼具玩耍的成分在裡頭。通常這種玩耍的成分會在我們獲得某些專業知識，並從某一特定主題的學習中獲取信心之後才會出現。由此可知，努力與玩耍之間需要找到彼此間更合適的關係或平衡。

○ 當環境能讓人產生心理上的安全感時，就能促進學習

羅傑斯（Rogers, 1969）主張，當我們處於一個充滿信任感的環境時，就能擁有較佳的學習效果，也就是說，當環境安全時，個體較願意冒險並嘗試新事物的學習；相對地，如果我們感受到威脅，則會傾向退縮而疏於從事學習的行為。

○ 當學生願意主動嘗試並表現出期待學習時，就能促進學習

學習任何一項技能（例如駕駛）時，必須在不同的情境中找

如何成為全人教師

The Holistic Teacher

到練習的機會，技巧才會純熟。同樣的道理，當學生開始學習寫作時，我們也必須提供不同的情境讓他們有機會練習，並給予回饋。

○ 當學習內容與現實情境有關聯時，也可促進學習

若可以感受到所學內容與現實生活有關，我們就會學得更好，因此，全人學習也盡其可能地尋求學校與周圍環境的關聯，在學校裡的學習與知識的獲得不能與個人的生活分離開來，必須要盡可能地連結在一起。

○ 認識深層的自我（真我）是全人學習的一部分

全人教育可回溯至古希臘文所說的「認識你自己」（know thyself），這不是紙上談兵，而是對自己信念與行為模式的覺察，其中也包含了解深層的自我的內在心靈之旅。麥克和南西·沙謬爾（Mike & Nancy Samuels, 1975）也在他們的書中《心靈之眼看世界》（*Seeing with the Mind's Eye*）談到真我的概念。

榮格（Jung）將此稱為「自我」（the self），長久以來，人們已本能地覺察到這種「自我」的存在，希臘人將此稱為人類的內在惡魔；埃及則用 "Ba-Soul" 來形容之；羅馬人崇敬其為個體「天賦的才能」等。這些想法的共通點都認為，人對於自身的成長與生命的豐盈美滿是能透過必要知識的獲得而具有主導權的，這種知識來自比自我（ego）內在更深層的部分，這個部分是可以自行獨立運作的。普遍認為的「真我」（Self），指的就是這個部分，它讓人們可以和諧地遵循宇宙自然法則來生活，同時也擁有天生的自癒能力。（p. 148）

內在之旅包含內省與沉思兩部分，一個能實踐內省的教師（Schon, 1983）會與教育圈保持接觸，此時圈內的其他教育工作者便能增進、改善他們的實踐力。內省、沉思的方法有很多，其中一項最受歡迎的就是內在之旅，不同形式的同儕支持也有助於內省。沉思與內省有關，且能超越主客觀的限制。不同的冥想方式都有助於沉思的進行。

當教師開始從事這種內在心靈提升的工作時，這種內在的變化也會與不同的學生在不同的層次中產生共鳴。當教師能與自己自在共處時，這種內在的和諧也會影響學生，學生便能學習與自己自在共處。這並不是行為主義觀點所指的「模仿」，也不是深化個人內在信念的工作，這種終極關懷並不是表現出慈悲與核心價值，而是跟隨著內在的一種旅程。蒙頓（Thomas Merton, 1975）說：「我們主要的內在之旅，是種關乎成長、深化生命的事，並在我們的心中創造出愛與仁慈的行動。」（pp. 295-96）

◯ 在成年之後，成長與發展仍會持續

皮亞傑和郭爾堡在其理論中皆指出，人類的發展會漸趨至整合與具功能性的較高層次，然而在大多數發展模式中出現的問題是，這些成長會結束於青少年時期，例如皮亞傑智力發展的最高階段是發生在青少年晚期的形式運思期。但從全人發展的觀點來說，成長中一些深刻的改變卻發生在成年期，例如榮格曾指出三十五歲對於個體的生活與精神層次的發展是一個關鍵的過渡時期。

現在我們可以透過一些學者的研究而得到關於成人發展的訊息，例如：拉文森（Levinson）、高德（Gould）和韋伯（Wilber）。這些訊息能幫助我們了解成年期的過渡階段，當我們看到自己的生命在過渡階段的變化時，就能找到新的意義。身為教師，當我們與學生互動，我們看到自己其實和學生一樣，都會歷經一段共

同的成長。同意這樣的觀點後，我們便能感受自己和學生共同遨遊在這段旅程之中，只是階段不同而已。

◯ 學習包含優先條件的鬆綁

傳統觀點認為學習是知識、訊息與技能集合的過程。當然，這類的學習是重要的，但就某些學習而言，如情緒——社交能力的學習，是需要解除情緒或文化的限制，如：一個遭不同形式虐待的孩子，他／她需要的是某些層次的經驗釋放，否則這個孩子會一直陷入暴力的惡性循環當中，也可能會延伸至他／她的下一代。

◯ 直覺是一個有效的了解形式

多年來，學校的課程強調重視理性更甚於相信直覺，為了要恢復兩者間的平衡，我們需要更強調藝術與運動，以及其他能幫助直覺思考成長的方法，這個目標是為了要建立智力與直覺之間的全人平衡，因此我們要學習檢視我們的直覺，並將部分、片段的知識，組織、整合為一個整體。因為直覺性的了解在全人學習中是一個重要的元素，我們在接下來的章節中將持續討論。

♣ 內在的了解——直覺

這一節的基本假設是，社會與學校對於我們內在生命發展的幫助非常有限，處於現在聲光刺激的文化當中，導致我們很少花時間在內省與沉思上，電視影音更讓我們少有機會去建構一個內在想像力的圖像；至於廣播劇至少還能夠刺激我們運用想像力至少去建構一個圖像。總之，今日我們實在少有機會去建構內在想像力，其導致的結果是內在生活的貧瘠。

有項證據顯示，擁有較多內在生活的小孩自我掌控性較高，

較少有行為問題產生，這項研究指出，想像力未充分發展所易導致的風險包括：少年犯罪、暴力、暴食症以及危險用藥行為（Singer, 1976, p. 32）。這種傾向在早期就會顯現出來──衝動性較高、過度依賴，且較無法建立內在生活；而常運用想像力的兒童則顯得較為自在，行為也較為獨立，這樣的現象會一直持續至成年期。

另外一項研究（Singer, 1976）顯示，在一間兒童諮商中心，具有想像力的小孩出現較低的暴力行為，當然他們也會有情緒上的困擾，但他們會比那些想像力缺乏的兒童以較不具攻擊性的行為表現出來。這些研究指出，那些內在生命發展不完全的個體對於外在環境的刺激顯得較為脆弱、易受到傷害。因此，內在生命的充分發展就是自治的基礎。

🍀 什麼是直覺？

直覺（intuition）就是當我們在處理訊息以了解內在狀況時最常使用的字詞；換句話說，它是一種對於事物整體型態的立即領會。直覺不同於邏輯思考之處是，邏輯思考有規則可循。

直覺不是一種能被強迫而獲得的東西，相反地，它是心靈中被稱作較為消極的狀態，當我們暫時擱置慣常與世界連結的方式時，直覺就比較容易產生。舉例而言，當我們處於白日夢、幻想或冥想的狀態時，會比平時積極運用大腦處理問題時，更加能夠開啟直覺性的洞察。

直覺性的意識較少出現於外在感受的現實中，因為，當我們處於清醒狀態時，很容易受到外在現象的干擾。廣播、電視、報紙、廣告及所有我們生活中的外在事物等等，都很容易吸引我們意識的注意，導致我們將過多的注意力放在外在世界，因此運用直覺是指讓我們將注意力放回內在生命的思考、感受與想像上。

本書第二部分將提及一些能發展我們內在生命與直覺的特定方法，如：冥想與想像。

直覺有許多不同的層次（Clark, 1973, p. 161），其中一個是身體上的層次，我們可以在不同的情況下與身體互動，例如：當我們遭遇危險或備受威脅時，會體驗到肌肉的緊繃；另一種層次是感覺，意指我們與他人之間的那種「悸動感」，這種悸動感雖無根據，卻會形成我們對他人的第一印象；第三種層次是心理層次，指的是我們如何運用「預感」來解決問題或對某一情境有所頓悟；最後一種是精神方面的層次，指的是我們對現實有一些基本的頓悟，這種精神層次的直覺能將我們所看到的、所知道的，轉化為較深的層次。法國人類學家德日進（Teilhard de Chardin, 1965）將這種了解的層次形容如下：

> 當我們用各種不同的方法欲更深入了解事物的本質時，就會對其彼此互相依賴、互為依存的關係有越多的困惑，宇宙中的每一個元素與其他元素息息相關、交織成網……，想要將其切割、支解成獨立的部分是不可能的。就我們眼睛所及的範圍，宇宙萬物都是彼此依存、互有緊密聯繫的，故我們必須將宇宙萬物視為一體。（pp. 43-44）

透過一位史丹佛精神科學家普里班（Karl Pribram）的理論，可以解釋直覺運作的狀況，這個理論認為，我們的大腦靠著詮釋來自另一個空間的頻率來建構一個重要、有意義的現實，其範圍超越時間與空間。大腦是一個全息圖（hologram），說明著全像攝影的宇宙（Talbot, 1991）。

全像攝影是一種攝影的方法，在其中，雷射光束可以被一個半面鏡分離為兩道不同成分的光束，也就是說，利用一個半透鏡

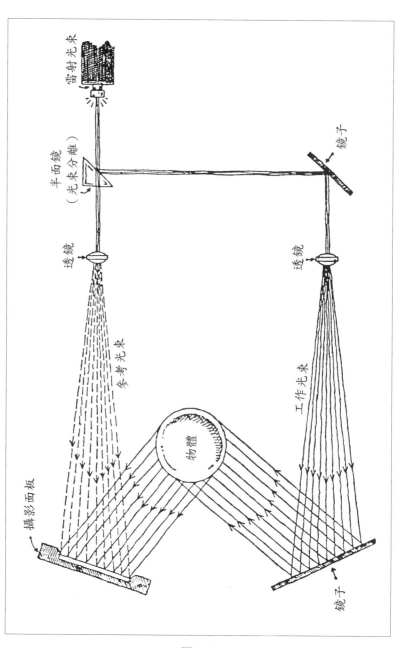

圖 2.1

（見圖 2.1）讓部分光束直射，另一部分則斜射至另一面鏡子上，而這兩道光束都會被鏡頭所擴大。頂端的光束被稱爲參考光束，而另一道則稱爲工作光束，工作光束會在途中遇到一個物體而折射至薄層上，而兩道光束會在薄層上相遇，形成一個干擾的模式，並被記錄於薄層上。這個在薄層上形成全息圖的圖形看起來不像物體，然而當同樣的光束反射至薄層上時，它會穿透全息圖而於物體上重建一個三度空間的影像。

全息圖透過兩道光束被製造出來，其中一道未被觸及，而另一道工作光束則在途中有了一些經驗，這些經驗會結合底線受干擾的光束而形成一個全息圖。

直覺的工作模式就像全息圖一樣，像這一道光束，它可能會撞擊到宇宙中特定的全像攝影模式，而得到一些現象上的頓悟，直覺性的頓悟能使我們感知到大自然中的全像攝影模式。雖然這樣的理論仍屬推測，但許多科學家認爲這對於了解我們對現實的看法，提供了一個吸引人的解釋。

✿ 直覺與教育

有證據顯示人們需要多使用直覺與想像力，如果不能探索非線性意識（non-linear consciousness），就容易產生疏離感（alienation）。威爾（Andrew Weil）在他的書中《自然的心》（*The Natural Mind*, 1972, p. 19）談到，探索直覺性意識是「與生俱來的欲望，是正常的驅力，類似飢餓感或性驅力」，如果我們忽視探索非線性意識的機會，那麼個體就會轉以藥物或酒精濫用來追求這一部分。探索非線性意識的需求從人生很早階段就開始了，這可以從兒童喜歡不斷旋轉自己的身體來進入一個恍惚的狀態觀察到，他們也喜歡用力呼吸憋氣，並且讓其他小孩緊抱住他們，直到幾乎快昏厥了爲止，他們甚至可能會勒住對方使其暫時失去意識。

當兒童年紀稍長時，他們變得對夢境與半夢半醒間的境界感到有興趣，他們也會開始利用一些化學物來探索不同的意識層次，例如：吸膠。而藉由麻醉而進行的手術，也會引發非線性意識，而成為童年時期鮮明的回憶。當兒童感受到現實文化無法接受他們所喜愛的非線性意識時，便會將其轉為地下化，此時探索內在生命就變成是一項私密的活動，他們只與最親密的朋友分享。

威爾（Weil, 1973）對在哈佛大學中進行治療的藥物使用者身上，觀察到這種發展中的風潮，他以自身經驗來為這種風潮做摘要：

　　我對於此發展中的計畫很有信心乃基於兩個理由：第一，我從與數百位藥物使用者的訪談經驗中得知；第二，我自己也有這樣的經驗。我曾經酷愛旋轉自己的身體，可以玩上數小時的時間，讓自己崩潰倒地，感覺世界正在天旋地轉——並出現明顯不舒服的副作用，像是噁心、暈眩與完全筋疲力竭（這部分是唯一從成年人身上顯而易見的部分）。我認為這些副作用伴隨在意識狀態之後，而這樣的經驗是非常令人著迷的——除了我瀕臨睡眠的經驗外，沒有任何狀態的經驗比這個更令人著迷。但我很快地發現，我這樣的旋轉行為使得大人們極為焦慮不安；於是我偷偷學會私下與鄰居的小孩進行這樣的遊戲，並持續這樣的行為直到九或十歲為止。大約四歲的時候，我和其他同年紀的小孩一樣摘除了扁桃腺，而使用乙醚麻醉（那時使用的還是舊式「開口—滴入」的方法）的經驗是我童年時期一個極為鮮明的回憶，那樣的感覺令人害怕，卻又令人強烈地感到有趣，讓人感覺與死亡很親近。幾年過後，我發現在我家地下室吸膠的獨特印象給了我一種似曾相識的經驗感，於是我吸了好幾次，如同我的同伴一般，在那期間我無法

解釋我對其他人做了什麼事，而這種經驗遠比愉悅感更強烈美妙，我也知道這樣的經驗對我探索這個領域是重要的。（pp. 24-25）

全人教育應允許學生內在生命的發展，但它不應被制定成一個計畫，甚至以一個傳統的方式教導，只有在充滿信任的氛圍下並透過特定的活動，才能進行。本書的第三部分會討論這些教師可發展其內在生命的方法，當然也會提供協助學生發展直覺的方法。

教育上最好的範例、且認為學生的確有發展內在生命的需求，也許就是由史坦勒創立的華德福教育，華德福學校會運用故事、藝術及運動等方法來刺激學生的內在生命，尤其是七到十一歲的學生。在華德福學校，每天的第一堂課是「主要課程」（Main Lesson），主要課程於不同的主題中整合融入了想像力的元素，李查斯（Richards, 1980）表示：

每一堂主要課程都會引發學生在傾聽、身體運動、思考及感受上的力量，藝術課程則特別與意志力相關；這是一個執行與製造的經驗，藝術課程也會邀請學生練習表達他們的感受，並鼓勵學生對如何完成作品有一直覺性的思考。（p. 25）

身為教師的我們必須承認並正視自己與學生的內在生命。本書第二部分會提供一些方法來增進直覺性的思考，只要我們關心內在生命，我們會看到身體與物質的世界其實都是現實的一體。因此，當物質層次的事情進行得不如己意時，不必因而感到困擾，只要能自在運作於不同的現實層次，那麼對於自己與學生會有較

為開放坦然的態度,也會有更多的彈性。

當我們以直覺性的態度來工作時,較不會因對立而感到困擾。在教學上我們經常會看到自己與學生的對立,若能用一個直覺性的觀點來看事情,我們就較能欣然接受這些對立。舉例而言,某位學生也許在數理方面較有天賦,因此能有長足的表現,但也許在體育或藝術上的學習較為困難。從人格層次上來看,可以發現在我們自身或學生內在中也會有被動或自信兩個極為對立的特質存在,當我們能用接納的方式來看待這些對立時,就較能得到內在的和諧,如果我們只是純然地以智力發展的角度來看待這些對立,只會讓我們更加自我否定與挫折而已。

簡而言之,我們需要打開內在的直覺世界,這並非指要揚棄智力上的發展,而是承認我們需要去找尋智力與直覺間的和諧關係,當我們接受直覺是獲得理解的一種方式時,便比較不會被外在現象所困擾,且較能察覺到內在意象,同時也變得較能察覺到自己的思考與內在生命如何影響了我們的行為。同樣地,我們也會接納自己生命中或與其他人生命中所存在的對立,這樣的接納可以讓我們與學生的內在生命更趨整合至一個較高的層次。

 參考資料

Belenky, M. F., Clinchy, B. M., Goldberger, N. R., & Tarule, J. M. (1986). *Women's ways of knowing*. New York: Basic Books.

Clark, F. (1979). *Awakening intuition*. Garden City, NY: Anchor.

de Chardin, T. (1965). *The phenomenon of man*. New York: Harper Torch Books.

Gardner H. (1983). *Frames of mind: The theory of multiple intelligences*. New York: Basic Books.

Merton, T. (1975). *The Asian journals of Thomas Merton*. New York: New Directions.

Richards, M. C. (1980). *Toward wholeness: Ruldolf Steiner education in America*. Middletown, CT: Wesleyan University Press.

Rogers, C. (1969). *Freedom to learn*. Columbus, OH: Charles Merrill.

Samuels, M., & Samuels, N. (1975). *Seeing with the mind's eye*. New York: Random House.

Schon, D. (1983). *The reflective practitioner*. New York: Basic Books.

Singer, J. (1976, July). Fantasy: The foundation of serenity. *Psychology Today*, 1976.

Talbot, M. (1991). *The holographic universe*. New York: Harper Collins.

Weil, A. (1972). *The natural mind*. Boston: Houghton Mifflin.

第 3 章

慈悲與真誠

✳

「充滿愛的心是最真的智慧。」
——狄更斯（Dickens）

　　一位全人教師是兼具慈悲與真誠的教師。換句話說，他們能
真正深層地關懷他人。

🍀 慈悲

　　慈悲最容易出現在我們能了解自己與他人息息相關之時。當
我們逐漸看到自己是與他人緊密相連而非獨立分離的個體時，憐
憫之心就會油然而生。慈悲是一種以仁慈為基礎且具善意的意識
狀態，它使我們能接納自己與他人的一切。我們可以很真實地了
解自己的情感、想法、欲望和衝動而不帶一絲批判。例如，老師
可能對學生都抱有負面的想法，但一位具慈悲心的老師可以清楚
地知道自己擁有這些想法，不會將其隱藏於心中，而是讓它表現

出來。因此教師不會感到壓抑與內疚的。當意識取代壓抑與潛意識，現實取代非現實時，慈悲之心便自內心生起（Rubin, 1975, p. 121）。

慈悲不是一種「逃避」，而是一種與自身內在、外在世界的真實邂逅。在此狀態下，我們不會對自己或他人懷有不切實際的幻想。

> 在建立一個實際的參考架構時，仁慈具有一種把我們推進個人中心以及生命中心位置的功能。隨著破壞性的創傷減少，退縮與放棄也會跟著減少。隨著舒適感的增加以及對責備恐懼感的降低，自己將能以創造性的觀點看自己，而且也能比較自由地朝向增加參與日常活動的方向前進。（Rubin, 1975, pp. 195-96）

在我們的社會中，慈悲心是不被重視的，因為我們的文化容易將其視為一種婦人之仁或是軟弱的表現，像「心在淌血」（bleeding heart）就是其中一種對慈悲之心的刻板印象；同時，我們的文化也容易將腦（理性）與心（感性）分開來看待，然而，此種將腦（理性）與心（感性）分開看待是多數精神分裂症的症狀表現。麥克·麥考比（Michael Maccoby）在他的著作《投機份子：新企業領導者》（Gamesman）中說明了這種分離的現象。他發現以整體來看待事物能鼓勵個體在仁慈與寬容上有理智的表現。

但是學校教育強化了這種分離的現象。對學生來說，重要的是能全盤了解一些概念性的專業術語，以便能在學校獲得成就，但學校卻要求學生一定要學會專業技能、知識，反而不太強調同理心或慈悲心。相對於合作與溫暖，學校教育過於強調競爭與急智。

我們之所以將腦（理性）與心（感性）分離是因為我們想隱藏一個自己造成的假象。這個目前在教育上的錯誤觀念（錯覺假象）就是「回歸基礎」。如果我們聽從建議地只專注於教學中的責任感（Responsibility）、尊重（Respect）和冒險精神（Risk taking），那麼腦（理性）與心（感性）將持續呈現分離的狀態，而如果我們強調認知技能勝於強調情感與靈性的統整，那精神分裂模樣的文化將會更明顯。沒有人可以質疑學習讀與寫的重要性，但學會如何整體地審視自己而不是將自己分開來看的技巧遠比學會讀寫還更重要。

♣ 邁向慈悲

能自我悅納與深層地傾聽，就能朝具有慈悲心的狀態邁進。

自我悅納

首先我們必須接受自己的存在，而且不要從我們曾做過的或擁有的事物來評斷自己存在的價值。如果我們想從所擁有的或曾從事過的活動來建立對自己的認同，那將會發展出一個以外在世界為基礎的自我，而不是一個對自我內在的認同。以教學來看，教師對自己的認同與學生成績的高低或學校長官對工作成效的看法無關，而是與教師看待自己內在的關係與是否能接納自己有關。當然，我們必須知道學校高層如何看待自己的表現，但卻不必據此來評斷自己存在的價值。

簡而言之，真我才是自我認同的最終依據，而不是周遭他人對自己的期望。真我隱身於各種社會角色（例如：老師、爸媽、手足等等）之中，也是我們覺察慈悲心的基礎。當碰觸到內心深處時，我們會以更直接、更開放的態度看到「一幕又一幕地放映」（passing show）的現象。然而，全人教師指的並非不理會他人的

意見、不與他人接觸，而是能以更開闊的心胸面對他人，並且有能力統整他人對自己的看法與自己內在的感受。這種開闊的心胸來自於放棄操縱受自我所控制的世界。

一般說來，慈悲的自我悅納與我們對待孩子的方式很類似：

> 我對待我自己就好像我對待我所愛的孩子一樣。當尊敬他時，我會重視所有相關的人的一切；當觀察他時，我會期望他展現更多屬於人的……，我不會不經思考就對他做價值判斷。當我接受他的所有一切時，他就不需要再怕我了。我愛他是因為他就是他，而且我也不會傷害他。因此，我們以一種仁慈的、毫無壓力的、遠離來自於長時間累積疾言厲色批判的恐懼的狀態存在。（Rubin, 1975, p. 165）

傾聽

傾聽也是自我統整的一種方式，藉由傾聽自己的全部——生理狀況、情緒、心靈等等，將有助於自我統整的過程。現今我們發現，就如同其他形式的運動像是：慢跑、瑜伽、走路以及游泳等，可以讓我們對自己的生理狀況有更多的覺察。造成上述現象發展的原因之一是因為我們無法否認生理上的需求。可以藉著傾聽身體的需求來統整自己。

全人教師能經由傾聽自己的聲音並過濾掉不當的批評。例如：當有人說我在引發學生動機方面不力時，我會靜聽他的批評同時在內心中反思、評估這些批評的正確性。一般說來，當我遇到越令人氣憤的批評時，我越要檢視我自己與這些批評的關係。例如，當我太太說我「都不花時間陪兒子」這句令我生氣的話時，我生氣的情緒正在對我傳達某些訊息，所以我也必須靜靜傾聽它想向

我傳遞的訊息是什麼。

　　傾聽的同時，其實也在學習相信自己內在的世界或直覺。當我們以內在的想法來結交朋友時，我們會對周遭的環境更敞開胸懷也更感到舒坦。最後，傾聽他人的聲音就成了慈悲心的重要基礎來源，當我們開始更深層地傾聽他人的聲音時，就會更了解他人的感受跟情緒。

🍀 真誠

　　簡而言之，真誠就是要誠實面對自己。這並不表示我們要被自我奴役，而是要全然地呈現深層的真我。若從真我出發，將發現教學變得相當令人滿意，因為我們不會去計較學生芝麻蒜皮的事，而是以更直接、更令人滿意的方式與學生互動。

🍀 真誠、自我與真我

　　如果我們能以真我來行事，那將會加速我們自己以及學生在生理、智能、情緒、道德、社會及人文藝術等方面的發展（見圖3.1）。因此，藉著接觸真我我們可以廣泛地發展其他的經驗，此時的發展與成長不會變成一種自我的旅程，而是一個能貫通內外在世界的管道。

⃝ 智能的發展

　　舉例來說，我們可以從自我（ego）或全人的觀點來看智能的發展。當從自我的層次來看智能，我們會以為具複雜又有智慧的技巧來操弄環境便是一種智能的表現。然而，其結果就如同現今我們所遭遇的生態問題，這些問題起因於我們的自私，完全忽略了環境的需求。

　　另一方面，如果從我們的內心深處（centre）來看，智能發展

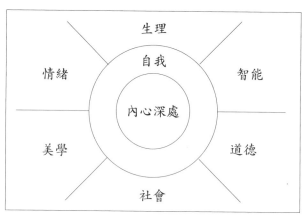

生理

自我

情緒　　智能

內心深處

美學　　道德

社會

圖 3.1

被視為一種強化對天地萬物感受性的方法，如此將會使我們對生態更加尊敬。因為透過深層的自己可以讓我們看到真實的現象，此時智慧是用來檢視人類與環境的關係，而不是用來操控環境的。羅斯札克（Theodore Rozak, 1992）稱此種深層的自己為「生態的自己」（ecological self），他並指出我們目前已經與此部分失去聯繫了。

○生理的發展

　　生理發展不僅與身體的成長有關，也關係到探究「生理的自己」（physical self）與其他生存面向的關係。從這個觀點我們學到「傾聽自己的身體」，我們可以經由各種不同形式的身體活動探索自己，因為很多身體的活動會要求我們遵從某些規範，然後我們就能達到精神更集中的狀態。

　　瑜伽、跑步或打太極拳等，這些具有一些特殊步驟或規範的運動或身體活動，可以讓我們更集中精神。因此，以真我為基礎的身體活動可以讓我們更全然地與自己的身體連在一起；然而以

自我爲基礎的身體活動則是強調競爭，其結果將使自己與身體承受更大壓力。

◎道德發展

道德發展意謂著我們對公平與正義的判斷力提高了。隨著年紀增長，我們會發展出適當的能力以判斷公平或正義，就如同郭爾堡所提的道德發展階段論一般。

然而，從內心深處的觀點我們可以看到道德與其他生存觀點的關係。眞我是一個將道德植基於靈性中的統整機制。甘地與馬丁路德即是以眞我爲道德的基礎，所以人們才能理解他們的想法，在第七章我將會討論他們如何將其道德觀傳達給其他的人。

以自我爲基礎的道德常常是因爲害怕或罪惡感；以眞我爲基礎的道德則是重視締結關係與終極關懷。當我們了解了個體彼此間相互締結的關係後，以眞我爲基礎的道德便會自然產生。

◎社會發展

社會發展指的是我們與他人互動的能力，也包括了能夠從他人觀點看世界的能力。同時，如果我們能碰觸眞我，那我們也能從別人那裡了解自己，也就是將他人視爲是我們整體的一部分，如此我們就不可能把人當成物品般的對待。從內心深處出發，我們就會以憐憫之心看待他人，就如同我們看待自己一樣。

與他人互動也是邁向全人或整體的一種方法，雖然常常會因爲人際間緊張的關係而難以達成，但卻不能忽視此一方法。「你如何與你的另一半相處呢？」如果我們不能與他人好好相處，那麼我們的發展就眞的出現了缺陷。因此，一個以全人爲取向的生活是在提醒我們要生活得更和諧。當然，這個過程一定會遭遇挫折和壓力，但只要我們能浸淫在以全人爲取向的教學和生活中，

就會發現生活將過得更舒坦也更平和。

○ 人文藝術的發展

人文藝術的發展指的是美感，但不單指藝術、音樂、舞蹈，而是包含所有形式藝術的美感。例如：父母親不單只是藉著新生嬰兒漂亮可愛的身體來喚起對新生兒的印象，而是包括其他美好的部分。

真我也是創造力的來源，藉著視覺印象可以暢通我們的心像能力，進而產生新的發現與創意。人文藝術也能協助我們了解自己的整體。在貝多芬的〈第九號交響曲〉中我們可以看到他在晚年的音樂創作中加入了靈性的元素。

○ 情緒發展

情緒發展則是指諸如歡愉、希望、愛等情緒，以及面對與處理害怕或憎恨等「負向」情緒時的心情變化。情緒不會被視為不理性的，但卻是個體讓自己具有全人觀的一個統整機制。傳統的教育常告訴我們要忽視或壓抑情緒，因認為它是一個影響我們理性思考的干擾物。但在全人教育觀點中，能覺察自己害怕、生氣和嫉妒的情緒是很重要的。當我們能有意識地處理這些情緒時，就比較不容易受外在刺激的影響與控制，當我們看見自己的生氣或嫉妒時，我們會給這些情緒一個心理空間，當這些情緒再次來襲時，我們便不會被影響。例如：當一個不受人尊敬的老師獲得表揚時，我們可能會出現嫉妒的情緒，為了不被這嫉妒的感覺影響，我們可以給它一個空間並且好好地處理它，因此情緒就能有效地幫助我們處理自己的意識狀態。

情緒（例如愛），也可以是一種碰觸真我的方法。愛不表示我們需要對所有學生表達愛，而是一種寬宏大量與不占有的意識

狀態，這種層次的愛比單獨對特定的人的愛更能感受到生命的存在。以此種方式表達的愛是可以讓自己達到內心深處的一種方法。

綜上所述，進入深層的真我是發展成全人的基礎與方法，它是一個我們可以更開闊以及無指責地處理、面對自己意識的地方。真我讓我們可以傾聽自己的聲音，更是面對生存的重要面向。

♣ 專注

一個專注的老師不會因被學生激怒而出現不適當的行為。有時候孩子會以各種不同的方法激怒我們，然而全人教師並不會對此馬上回應，而是會從自己的內心深處找到最適當的回應方式。這些適當的方式中有時也包括生氣，但是全人教師在生氣情緒一被挑起時就不斷地覺察這生氣的情緒，直到它結束。

專注讓我們變得具有慈悲心。當我們緊張時，常會變得沒有慈悲之心。取而代之的是，會急於將個體或學生視為物品般操弄處理。

具慈悲心的狀態便是要活在當下，這句話若應用在教室現場，它的意思就是教師要完全地奉獻給學生。我們與學生是息息相關的，在教室裡我們不去想週末或明年暑假要做什麼事，而是要專注地傾聽學生的聲音。當然，在課堂中我們一定要知道教學的進度，但不要讓進度干擾我們與學生的關係。

老師的生活一直以來都是被干擾的，而此等干擾正是讓老師們感到煩躁的主因。以下是一位老師的訪談內容（Lortie, 1975）：

> 當你要開始教學時，某位老師或校長或巡堂者突然在你毫不知情的情況下進到教室來，此時學生的注意力已經跑掉了。就算竭盡所能地要努力上課，也已很難拉回學生的注意力。我覺得這真是令人討厭的一天。（p. 170）

如果我們是以此時此刻為基礎，就比較容易處理這種干擾，因為我們是跟狀況息息相關的，對該狀況也沒有特別的計畫或安排，因此並不會感到挫折。

孩子是可以感受到我們是否與他們在一起的。當我們失神或心不在焉時，孩子們是知道的，其結果便是加大了我們與孩子間的距離。

🍀 承認限制

承認限制的意思是我們有說「不」的權利。老師無法回應來自學生、行政以及家長的所有要求，因此有時候我們必須拒絕一些非理性的期待。

常會在老師身上看到的一個非理性期待是來自改變學生的壓力。學生每天花很多時間看電視，而老師常覺得自己必須跟電視競爭，所以會想盡各種辦法在教學上努力，以引起學生學習的動機，但這常易導致不合理的壓力與期待。如果教學只強調老師的努力，那學生將無法盡到在學習上應盡的責任。藉由拒絕不合理的期待，更可證明自己具有慈悲的態度。

當我們具有慈悲心與真誠的態度時，便能看到他人的內心深處或深層的自己，以這個觀點來看我們便能與他人締結良好的關係（Reps, 1971）。

當班開（Bankei）舉辦為期數週的隱居式冥想時，很多來自日本各地的學員生紛紛參加。在一次聚會中，有一個學員因為偷竊被逮獲，他們要求班開驅逐這個學生，但班開不理會這件事。

不久，這個學生又因為偷竊被逮，班開仍然不予理會。這讓其他學員很憤怒，更草擬了請願書要求開除竊賊，否則

他們將全體離開。

　　班開看了這封請願書後，他把大家都叫到面前來，並且對他們說：「你們都很聰明，知道什麼是對的、什麼是錯的，但他卻無法分辨對錯，如果我不教他誰會教他？縱使你們都走了，我也會把他一直留在這裡。」

　　此時這位竊賊的淚奔如雨，所有想偷竊的欲望都消失了。
（pp. 49-50）

　　班開能與竊賊的內心深處產生連結，就如同與他的規範一樣，他的慈悲之心提供了學員成長的機會。雖然身為老師和家長的我們很少有這種戲劇化的成長，但我們的慈悲是孩子未來發展的基礎此一理念則是相同的。

參考資料

Lortie, D. (1975). *The schoolteacher.* Chicago: University of Chicago.

Reps, P. (1971). *Zen flesh, Zen bones.* Penguin.

Rozak, T. (1992). *The voices of the earth.* New York: Simon and Schuster.

Rubin, T. (1975). *Compassion and self-hate: An alternative to despair.* New York: Ballantine.

Part 2
方法篇

靜默沉思

讓我們「靜默沉思，就可以聽到諸神的呢喃低語。」
——愛默生

我們的四周充斥著來自電視、收音機、電話、音樂以及高速公路等不同來源的噪音。如果一天至少能有一次遠離噪音並且沉靜下來，將對自己很有幫助。冥想是一個可以讓自己將注意力集中在一件事情上（例如呼吸）的沉靜過程，也是一種放鬆的狀態。雖然冥想的形式有很多種，但是冥想的經驗卻都相同（Carrington, 1977）：

　　一個緊緊抱著嬰兒、幾乎與嬰兒融為一體的母親，輕柔且有規律地搖著嬰兒並且唱歌給他聽。
　　一個旅行者學著靠在樹上，並且專注地傾聽來自樹梢的風聲而幾乎忘了自己的呼吸，此時他好像「變成了」風。

一個年長的猶太人，披著裝點著飾品的圍巾以及在黎明時分前後搖擺著黑色立方體造型的皮革製品，單調地重複一些簡單的祈禱詞，這個儀式帶來一份內心的愉悅喜樂。

一個躺在海邊度假的人，靜靜地將自己與陽光、空氣及海洋融為一體。

一個聽到從大教堂傳來管風琴樂音，並且與該聲音共鳴的人，他的腦海中會出現許多孩提時代的記憶與印象……霎時間，他回到了孩提時代。

當露營者凝視著來自燃燒的白蠟樹的微弱火光時，她有一種自己好像輕輕地飄浮起來的感覺。

一個登山者在山頂上靜靜地呼吸著空氣，他被眼前壯麗的景象震懾住了，他的心也變得異常平靜。（pp. 2-3）

上述這些人他們共同的現象，是將原本動態型的意識變成靜態感受型的意識。在動態型的意識下，關心的是如何操弄與控制環境，我們需要這種動態型的意識來安排日常生活，因為它讓我們能計畫未來，也能在世上生存。而感受型的意識會在心停止了想操弄或控制世界的念頭時，適時地出現，這時我們的心便能看也能聽，就好像有一暢通內在和外在世界的管道一樣，讓內外融為一體，而練習冥想可以讓這管道更暢通。

當擁有感受型的意識時，我們會更喜歡自己，因為我們不會想操控他人，所以來自他人或自己的挫折也會相對地減少。從某個角度來說，冥想能重拾孩提時代的熱情與率真。魏哲邁（Max Wertheimer）曾經形容大人就像是「墮落的小孩」（LeShan, 1974, p. 4），而冥想可以重拾那一份熱情與能量，但並不是企圖要藉著冥想來重返孩提時代，而是為了能更了解生活。

在冥想的過程中，我們可以看到自己的想法和自己的「旅

程」。當我開始冥想時，我會聽到自己的想法——希望今天能收到信、我需要把車子送洗、下午的會議我不能遲到、我想知道還剩多少時間可以冥想等等。當我們覺察自己內在的對話後，便會想要簡化自己的生活，冥想不僅解放了我們的想法，讓我們不再被自己的想法或印象拉扯，更讓我們能集中注意在對自己的覺察跟注意上。

有兩種練習冥想的方式，其中之一是以練習專心為焦點，主要在恢復內在的平衡。「這個過程很像一種藉著抵銷從自己中心向外扯的拉力，以穩定心理與身體平衡的心理迴轉儀」（Carrington, 1977, p. 6）。這個過程基本上就是一種自我成長，雖然常會使用一些與靈性相關的方法，但這個層次的冥想卻很少涉及靈性成長的部分。

另外一個練習冥想的焦點則擺在靈性的成長。此時冥想的進行會更專注，而且常會與靈性的成長有關。此種取向的目的不在自我成長，而是深化與深層的自己與世界的關係。然而我必須指出，這兩種取向之間的界線不是那麼明確，也不容易區辨。就我看來，強調兩者的目的比能清楚地分辨目的更為重要。舉例來說，一種集中專注的方法——班森法（Benson method），它以數字「一」來做冥想的練習，然而數字「一」也可能是具有某些靈性的意涵。

■ 為什麼要冥想？ ■

冥想對生理及心理都有好處，冥想對因應壓力似乎特別有效。大量的證據顯示，在我們的生活中常無法放鬆也很難處理與面對壓力，有將近三分之一的成年人罹患高血壓，在美國每分鐘有兩個人死於高血壓。另一項調查也顯示二十到三十歲因心臟病發而

死亡的人數有增加的趨勢。

賀伯‧班森（Herbert Benson, 1976）在他的《放輕鬆》（*The Relaxation Response*）一書中指出上述數據之所以會如此高的理由是因為，人就跟動物一樣容易受「不奮戰就逃跑」反應的牽制。當面臨壓力情境時，「一種不受意志控制的反應會讓血壓升高、心跳加快、呼吸急促、血液流向肌肉，好讓我們準備迎戰，以抵抗或逃離現場」（p. 24）。然而，對人類來說，在面臨壓力狀況時，我們很少有機會真的抵抗或逃離，而是由心臟血管系統接收這些壓力，如果這樣的情況一再發生，將容易導致心臟病或中風。

為了處理壓力，班森介紹了一種他名之為「放輕鬆」的技術。研究顯示，如果規律地做放鬆的練習不僅能降低血壓、放慢呼吸，也亦能使代謝過程變得比較緩慢。

「放輕鬆」包含了下列幾個元素：(1)安靜的環境；(2)一個心因性的策略，例如可以不斷重複複誦一個字或一句話；(3)一種順從的態度；(4)一個舒服的姿勢。

放輕鬆是練習專注的一種方法。不單只有班森的方法可以達到專注，任何一種形式的冥想都可以。其他的研究也指出，冥想者可以面對壓力的情境，一般說來，冥想者在經歷壓力事件後，其恢復的速度會比沒有冥想者快。雖然冥想者或沒有冥想者在面對壓力情境時都會很明顯地出現緊張焦慮，但是冥想者冷靜下來的速度會比沒有冥想者快。

冥想幫助我們處理、面對壓力，因為在練習冥想的過程中，我們只能專心於一件事，不管是口中念著經文或是數著呼吸的頻率，我們的注意力都得集中在一點上。生活中充斥著各種刺激，使得我們必須花很多時間挑出急需處理的事。在冥想時，神經系統不受任何壓力控制，這讓我們可以泰然自若地因應壓力。

華爾璽（Walsh, 1992）從好幾百篇的研究中摘要了從事冥想

所產生的結果。

　　這些研究涵蓋了生理、心理以及化學等變項。略舉如下：
冥想在心理層面上帶來的好處包括可以降低焦慮、藥物濫用，
增強知覺感受度、同理心、自我實現以及疼痛的忍受度。在
生理層面的改變包括降低血壓、改變腦波圖……。不要懷疑！
冥想還能改善很多臨床的症狀，包括失眠、緊張、焦慮、氣
喘、慢性疼痛、心律不整、減少醫療次數（Orme Johnson,
1987），同時降低累犯的機率（Bleick & Abrams, 1987）。
（pp. 32-33）

　　冥想除了讓我們可以和自己相處得更融洽外，也讓人有一種
在世界任何一個地方都像「在家」的感覺。我的一個學生對這一
點做了記錄：

　　　　現在，當我無法順利地進入冥想的狀態，時間甚至超過
　　十分鐘，我都可以接受。
　　　　現在就算是在充滿噪音與緊張的情況下，我仍可以繼續
　　冥想而不被打斷，我知道堅持可以獲得的好處，能夠超脫繁
　　忙並且避免出現愚蠢的舉動是很棒的感覺。它給我一種新的
　　方式來檢視自己的日常活動。

　　研究也指出，冥想可以強化內在的自己，也就是說，它提高
了我們內在的自我引導。還有一個研究描述一位心理學家教一群
三年級的低下階級的小孩冥想，經過十三週後，這些孩子變得比
較獨立（Linden, 1973）。冥想似乎對創造力也有很大的助益，因
為它提供了一個比較輕鬆和開闊的視野來看事情。也有研究指出，

冥想讓創造的質與量都有增加（Carrington, 1977, pp. 227-40）。舉例來說，冥想可以誘發創造性的點子不斷地快速湧現，此時創造的量就增加了。

有一些證據指出，冥想也可以提高創造的品質。例如：藝術工作者常被認為，在冥想過後他們的創作品質提高了。冥想對於能量的提升也有幫助。舒爾曼（Arnold Schulman）是一位很有名的編劇創作家，從事禪（Zen）式的冥想已經二十年。他發現在冥想之後他能更專心於工作，每天創作的時間也拉長了，而且一天只要休息三至四小時就足夠了（Carrington, p. 239）。

冥想並不是萬靈丹，但卻有很多證據認為冥想對於對抗壓力以及增加自己每天的生活效能有很大的幫助。需要冥想的最後一個理由是跟成年人的發展有關。榮格認為人在三十五歲之後會開始關心自己的內在本質，在有限的生活越來越明顯之際，我們會比較不關心外在的或他人的意見，轉而開始在意內在的生活（LeShan, 1974, p. 172）。三十五歲之後另一個主要的關注點是靈性的發展，榮格也指出，大部分在三十五歲之後出現的心理困擾多起源於與靈性相關的問題，一旦這些問題妥善地處理之後，心理的困擾也就解決了。冥想有助於個體處理上述問題，這也是成年人一個重要的成長與統整的方式。

■ 冥想的類型 ■

冥想分為理性取向、情緒取向、身體取向以及行動取向等四種類型。

❧ 理性取向

這是一種詢問形式的冥想，一個理性的人會將注意力集中於

觀察及詢問某種經驗的本質。克里須那穆提（Krishnamurti, 1954）就是一位以這種形式進行冥想的人。以下便是摘錄自他對害怕本質的評論：

> 什麼是害怕？害怕一定事出有因。我怎麼會害怕死亡？怎麼會害怕未知？我害怕我所知的，當我說我害怕死亡時，我是真的害怕未知的事物，還是害怕失去我已經擁有的？我的害怕並非來自於死亡，而是害怕失去曾經屬於我的東西。我害怕的是已知的事而非未知。
>
> 接下來我會問自己，我是如何能免於對於一些已知事情的害怕，包括：失去我的家庭、聲望、個性、銀行帳戶、喜好等。我怎麼會對未知的失落感到害怕？還是我害怕探索自己、害怕失落、害怕因為失落帶來的痛苦？（p. 83）

克里須那穆提原本是一個醉心於無心論的評論家，但後來他卻認為如果能進一步地傾聽、覺察自己的經驗，那將會讓自己更了解自己。

✤ 情緒取向

這一類型的冥想將焦點置於敞開心胸以及擴展與他人締結關係的能力。有時會以念誦真言或持咒的方式行之，不斷地重複一個字或一段話可以讓我們擁有正向的情緒狀態。在《教室中增進自我概念的一百個方法》（ *100 Ways to Enhance Self-Concept in the Classroom* ）中就有一個例子可以說明（Canfield & Wells, 1976）：

> 不管你對我說什麼或做什麼，我仍然是一個有價值的人！
> 要求學生閉上眼睛並且整齊一致地跟著念這一段文字：

「不管你對我說什麼或做什麼,我仍然是一個有價值的人!」
重複這看似簡單的動作,可以帶給自己很大的力量。這樣做
可以抵銷已經存在每一個學生腦海中的負向認知,並且注入
新的想法。

有一個方法可以提高這個動作的效能,那就是當學生重
複著「不管……」時,亦讓其回想過去曾經貶抑自己的人——
例如:父母親、老師、教練、朋友、同學、警察等的臉孔,
並揚起下巴,大聲而有自信地重複「不管……」。

當學生抓到訣竅時,老師可以打斷他們的複誦並且說「你
這個笨蛋、醜八怪等等」,並讓學生對著這些話說「不管你
對我說或做什麼,我仍然是一個有價值的人!」(p. 69)

🍀 身體取向

另一種冥想的模式是藉著身體的運動來進行,藉著專心從事
不同形式的運動,可以達到一種意識狀態。屬於東方式的身體取
向冥想方式,包括瑜伽、太極拳與合氣道;在西方則是慢跑。在
這本《跑步禪》(Zen of Running)的書中詳細地介紹了這種經
驗。另一個藉著身體活動達到冥想狀態的例子是來自哈西妯(Ha-
sidic)的故事(LeShan, 1974):

有一個關於哈西妯傳說中的偉大祭司也是一名智者的傳
說,有一天他要前往俄羅斯的一個小鎮訪問。這對猶太人來
說是一件大事,每個人都準備了很多問題要請教這位智者。
當他抵達時,所有的人聚在一個可容納最多人數的場地集合,
他們都很急著想為自己的問題找到解答。祭司進到場地也感

如何成為全人教師

The Holistic Teacher

到有點緊張壓迫。他沉靜了一段時間沒講話，然後開始哼著哈西廸的傳統曲調，不久大家都跟著他一起哼；接著他開始唱歌，大家也跟著一起唱；後來他開始跳舞，所有人也很快地、全心全意地跟著他一起跳，除了跳舞外別無他事。經由這個方式，每一個人都成為自己的一部分，每一個人都治癒了自己心裡的問題。當跳舞跳了一段時間後，他慢慢地停下來並且看著大家說：「我想我已經回答你們的問題了。」（pp. 50-51）

🍀 行動取向

個體從事每天的日常活動也可以是一種冥想的經驗。我們可以用更寬廣、更開闊的角度看待自己的教學、照顧小孩、工作、吃東西等動作。舉例來說，進行教學時不必要求一定要有某些事被完成。雖然我們很努力地進行教學，但是當某一課無法達到進度的要求或學生成績無法提高時，不要因此而生氣、憤怒。我們的情緒並不是被某些外在特定的獎賞所束縛的，而是決定於豐富的內在生活。心神貫注，是一種行動中的冥想，將在第六章中更充分地討論。

🍀 實踐

如果你開始要實踐冥想的計畫，最好盡可能選擇與自己個性相符的模式。例如，你在個性本質上比較像是學者型的人，理性取向模式是最好的選擇；如果你是運動型的人，那麼可以選擇身體運動取向的方式。而當你進行所選擇的冥想模式後，可以慢慢地以平衡自己內在本質的模式來冥想。例如；一個理性的人可改以念誦眞言或持咒的情緒取向模式或身體運動取向的方式來冥想。

但是一開始的時候，還是以適合自己偏好的方式進行較適當。

開始時，你可以選擇二至三種方式來冥想，最後再選擇一個最喜歡的。首先，必須讓自己的坐姿是在最舒服的狀態，保持頭、頸、胸在一直線上。你可以選擇坐在椅子上或是盤腿席地而坐，重要的是不要讓自己在冥想時改變太多姿勢。冥想盡可能在飯後一小時開始，大部分冥想的時間都在早上起床後、晚餐前或晚上。至於地點則須選擇不被打擾之處。如果有一個獨立的空間當然最好，如果沒有也無妨，只要臥房的一個角落也可以。

一旦時間地點都選定了，那麼就必須讓其他的家人知道，除非有緊急的事情發生，否則不要打擾你，但你卻不能因為這樣而變得不通情理。例如：假如家中有幼小孩童，那麼就不能在晚餐前冥想，因為那段時間是最忙碌的時刻，如果在那段時間冥想，將會嚴重影響家人的需求，所以冥想應該在不影響家人生活的情況下來實行。

剛開始冥想練習一次以二十分鐘為宜，當你找到一個最適合你冥想的模式或方法時，再將時間延長為三十到四十分鐘。在冥想的過程中你可以看錶來確認時間，當然計時器也可以，但還是建議以手錶或時鐘比較適當。當冥想結束時也不要立刻起身，讓自己有一至二分鐘的緩和時間，以作為重新回到日常生活前的準備。

■ 教師可以從事的冥想 ■

❧ 計數呼吸

計數呼吸是一種集中注意力的冥想方式。此種方式的重點在於「計數呼氣」，且注意力是集中在「數」這個動作上。在數的

過程中，若有其他想法浮現腦海時，要慢慢地讓它從腦海中消失並回到計數這件事情上。我們毋須讓自己沉溺在過去的記憶中，而是要回到目前正在從事的工作上。

拉珊（LeShan）提出重複地從一數到四的計數方式；而禪修則建議可以從一數到十，當呼出第一口氣時數著「一」，吸氣時則說「再來」；第二次呼氣時則數著「二」，吸氣時說「再來」，依此類推。

❧ 呼吸冥想

此種冥想的重點在於呼吸而不是計數。當你呼吸冥想時，注意力若不是集中在腹腔的收縮狀態，就是在鼻腔的呼吸情形，這兩者你必須二擇一，過程中絕不要一下子將注意力擺在腹腔，一下子又轉移到鼻腔。若你的注意力在腹腔時，可以在吸氣時輕輕地說「吸」，在呼氣時輕輕地說「吐」；若你的注意力在鼻腔時，便可在呼吸之間輕輕地重複「吸氣」、「吐氣」的字眼。請注意，此時你的注意力是在呼吸本身，而非口中輕輕吐出的聲音，這些聲音只是用來幫助你將注意力集中在呼吸這件事情上。

❧ 頓悟

呼吸冥想也被視為內觀（vipassana）或頓悟的序曲，在頓悟中可以覺察現象的起落。高斯登（Goldstein）在其 1976 年出版的著作《頓悟的經驗》（*The Experience of Insight*）中對如何練習頓悟有很好的指導。這是一種比較複雜的冥想，雖然一開始也是專注於呼吸，但接下來必須要將注意力向外擴展到能覺察身體上的感覺、情感、聲音與想法。例如，如果過程中你的手臂癢了，此時你的注意力就要轉移到這個部位；如果過程中出現對孩子正面或負面的想法時，就把注意力轉移到這裡。聲音也是一樣，如果

過程中出現噪音時，就將注意力轉移到那裡。

有時候輕聲地重複「想想……想想……」對了解整個思考的過程有所幫助，也能不具成見地檢視自己的想法。有些人喜歡以更具體的方式檢視思考的過程，並在短時間內將想法歸為「計畫類」、「回憶類」、「想像類」等。冥想過程中出現的想法，不需加以分析，也不必視之如障礙，我們可以將其視如頭頂上掠過天空的一片雲。

雖然頓悟冥想讓我們可以慢慢地覺察當下的想法、聲音、感情以及感覺，但呼吸在頓悟冥想中仍然占有重要地位，因為呼吸可避免冥想時集中的注意力被分散。

🍀 真言

念誦真言或持咒是最常用來冥想的方式之一，所謂念誦真言或持咒，指的就是可以一遍又一遍地大聲念出來或在嘴邊輕輕念的一個字或一句話。其內容可以很多樣化，以下就是一些例子（Carrington, 1977）：

> 阿—南無
> 虛—忍
> 嗡
> 拉—年（p. 79）
> 上帝，請憐憫我

一旦你選了一個適合自己的真言，就要固定下來，不要在冥想的過程改變選定的真言；也不必對著一個不認同冥想的人重複說著你的真言。真言並不是一個神祕的東西，它是一個幫助你進入冥想世界的正向心念。

選好所要使用的真言後就可以開始進行冥想練習了。一開始最好睜開眼睛並且大聲地念出真言，直到你開始對這個聲音與韻律開始有感受時，再改為閉上眼睛輕輕地念出口。當你一直重複某句真言時，會有一種好像真言會自動重複發出聲音的感覺浮上來。你並沒有去實踐真言，但它卻好像在你體內產生了效果。

以下就是冥想的全貌——只是平靜地坐著，專心地聽著心裡的真言，允許心裡的聲音以任何形式變化——可以大聲、可以輕柔；可以慢慢地變成無聲，再慢慢地恢復；聲調可以拉長也可以急促……，冥想就像是一艘漂流在河流上沒有槳的船——因為你不需要槳——你並沒有目的地（Carrington, 1977, p. 80）。

在日常生活中也可以念著真言，例如騎車或搭捷運時，而當你工作中感到壓力時也可以藉著真言減輕壓力。真言像是一種幫助你集中精神的裝置，在其中你可以很清楚地觀察到一些正在發生的現象。

❧ 律動

在運動冥想中，我們想著的是律動我們的身體。最簡單的律動冥想方式就是將注意力擺在走路這件事情上。緩慢地走並將注意力集中於將腳抬起、移動、放下以及整隻腳移動的過程，就算有其他念頭興起也必須馬上將注意力擺在走路這件事，每天可以花二十到三十分鐘進行這樣的練習。

❧ 沉思

沉思是一種讓心境更自由，也較不具結構化的一種冥想方式。

當與大自然對話、溝通，或是思考某一種很特殊的想法或反思書中的某一章節時，那就是沉思，所以它也是一種聚精會神的狀態。

梭羅（Thoreau）曾經描述在自然環境中沉思的現象（Ram Dass, 1978）：

> 有時候，我從早上就倚坐在太陽照射著的門邊直到正午時分，腦海中想像自己平靜地、不被打擾地獨處於一片松樹、胡桃樹與漆樹林中，直到小鳥啁啾地唱著歌、穿越樹林回到房舍，直到夕陽西下，直到高速公路上旅行車轟轟的聲音傳來，我才感覺到時間的流逝。我在這樣的氛圍中成長，這樣的成長遠比緊握在手中的東西好得多。我並不認為這樣做是浪費生命；相反的，我覺得這比我平常從事的生活瑣事更能豐富我的生命，我真正理解東方人所謂「放空」的意義了。
>
> 就某個程度來看，我可以說是一個瑜伽修行者（pp. 58-59）。

另外一種沉思冥想的形式是大聲地複誦一首詩或一段經文，例如：你可以輕聲且虔誠地複誦著聖方濟（St. Francis of Assisi）的一段祈禱文：

> 主啊！使我作祢和平之子，
> 在憎恨之處播下愛；
> 在傷痕之處播下寬恕；
> 在懷疑之處播下信心；
> 在絕望之處播下盼望；
> 在幽暗之處播下光明；
> 在憂愁之處播下歡愉。

哦！主啊，使我少為自己求；

少求受安慰，但求安慰人；

少求被了解，但求了解人；

少求愛，但求全心付出愛；

因為在捨去時，我們便有所得；

在赦免時，我們便蒙赦免；

迎接死亡時，我們便進入永生。

🍀 視覺冥想

視覺冥想是另外一種能集中意識的形式（Carrington, 1977, pp. 83-84）。你可以在選定一種植物、一個瓶子或一種水果等物品後，便將注意力集中在上面。有時候蠟燭的火光也是不錯的選擇，但如果運用不當則容易讓眼睛過度疲累。

在你選定一個物品後，將其放置距離自己二至四英尺的地方——一個你覺得適當的地方，然後聚精會神地看著它。然而，一旦進入冥想狀態時，不要試圖想「看到」物品，而是讓它變成一種「視覺印象」，如果你發現自己分心了，要馬上讓注意力回到物品上。

不要讓眼睛凝視在物品的某一點上，而是要游移在每個部分。當你發現自己已經停留凝視在某一點時，此時你需要休息一下，但別忘了休息後注意力要再回到這個物品上。

一開始你可以每次練習五分鐘，當眼睛習慣了此種冥想方式時，可以每天增加兩分鐘，直到時間達到二十分鐘為止。但當你感覺到眼睛疲勞時，可以試著減少冥想的時間。

❦ 我的經驗

我從 1974 年起就開始體驗頓悟冥想，每天早上大約六點起床後我會坐著一小時。冥想讓我有機會可以知道我自己發生了什麼事以及周圍發生的事情。例如：坐著的時候我可以在腦海中「想」很多問題（像是令人困擾的問題），而當這些惱人的問題真的發生時，並不會令我感到氣憤，但在體驗坐著之前，我想那些問題是會惹惱我的。我相信那是因為冥想讓我有機會可以接觸到隱藏在自我之後的內心深處。簡而言之，冥想讓我對發生在自己周遭的事情感覺較為自在。

在我的經驗及信念中認為，教學必須以深層的自己為基礎，因此我要求學生必須在我的兩堂課中體驗冥想，一堂是「靈性課程」，另一堂是「沉思的實踐者」。這樣的要求植基於教學必須以發自深層的真我（Self）而不是自我（ego），以自我為基礎的教學常會讓自己感到孤單與痛苦，而以深層的真我為基礎的教學會讓自己比較有機會與學生溝通。藉著冥想我們能深深地與學生產生連結，更能經驗到教學中更深層的愉悅感。全人教育可以有很多不同的定義，但其中一個我最喜歡的定義是一種解放人類禁錮心靈的教育，而冥想就是其中一種解放的方式。

學生練習四至五種不同類型的冥想，包括了呼吸冥想、念誦真言或持咒、視覺冥想、專注力集中等，有些學生也會發展出自己的冥想方式。雖然我鼓勵靜坐冥想（沉思），但部分學生還是喜歡進行運動冥想。例如；我有一個學生每天游泳，他藉著游泳達到冥想的狀態。不論學生選擇哪一種形式，我都強調，在冥想過程中要丟掉心中計畫好的事物，同時敞開胸懷，用心傾聽。一旦學生選定冥想的方式後，我會鼓勵他們每天大概花三十分鐘練習體驗，我也會藉著學生每天寫的紀錄與學生互動，並將佛教普

渡眾生的慈心禪介紹給學生。我以冥想作為第一堂課的開始，以鼓勵學生在自己選定的冥想中融入此等概念。

1988 年起，冥想就成為全人課程中的一部分，也有將近三百名學生參加，而登記參加的人數平均在二十人上下，而且候補名單中早就被學生填滿了。曾有兩位學生拒絕冥想練習，他們的理由各不相同，一位是因為一年前曾被性侵害，而對冥想練習感到不自在；另一個則因自己屬於基督教的基本教義派。到目前為止並沒有學生在體驗之後出現負面經驗。我的學生大多來自安大略省，也有來自巴西、中國、印尼、香港、義大利、牙買加、日本、肯亞、馬爾他等。

日記是學生了解冥想如何產生作用的主要工具，最後，我想分享部分學生記錄在日記裡的經驗。

日記的主題

首先第一個內容是很多學生都會提到的，那就是冥想讓他們能夠有自己獨處的時間。有一個老師這麼說：

> 放鬆的方法讓我有機會了解自己、知道自己是不錯的，也知道自己為什麼要如此做，更重要的是知道自己很OK、也很重要。這是一個可以自己獨處的好時間，在這段時間沒有人會告訴我該做什麼或不該做什麼，我只需要跟我自己在一起就好了。

另一個學生則是比較了自我欣賞，以及教孩子喜歡自己這兩件事：

> 我們總是會告訴孩子要喜歡自己，但卻不會告訴成人要

喜歡自己、喜歡與自己為伴。

從這個學生的冥想經驗，我們看到他已經學會悅納自己了。

第二個也是很多學生會提到的，那就是經由冥想，他們成為一個好的傾聽者。有一個學生的描述如下：

可能最重要的結果是我徹底改變了自己聽的習慣。我曾經以為我是一個很迷人、很主動的傾聽者，但現在我擴展了我的能力去聽他人在說什麼。

另外一個人他祖父生病了，他在日記裡寫道：

我覺得冥想讓我變得更冷靜、更專注而能面對母親，同時處理面對隨祖父生病而來的種種壓力與困難。

最後，另外一個學生也提到他可以更聽見自己身體的聲音：

我更能聽到自己身體的聲音以及警訊，它告訴我該為自己身體的安適多做一點事。

接下來的例子也與傾聽有關，那就是他們可以從比較宏觀的角度來看待自己的人生。有一個學生說：

因為我很容易杞人憂天，我覺得冥想幫助我洞察很多事情，也讓我有機會可以跳脫自己想像的人生劇場，而獲得一種新的平衡感與觀點。

其他的學生是這樣寫的：

> 我以一種非常不具威脅性的自我樣貌而變得較有覺察力，
> 因為我是獨立於自我之外的，而且在這過程中我是不會被評
> 斷的。我可以不必在意自己對某議題突發奇想的反應，我也
> 可以更深層地挖掘理解的方向……這很困難……但卻很值得。

第四個例子則是關於冥想會自動在日常生活中進行。例如：
有一個學生說當她很緊張地躺在牙科的診療椅上時，她試著將注
意力集中在呼吸上，就變得比較輕鬆了。另一個學生則發現冥想
對自己身為父親的角色很有幫助：

> 我的兒子大約兩歲，很不喜歡在床上睡覺。有一次我們
> 去拜訪他叔叔時，他又開始大吵大鬧。那時我還沒接觸冥想，
> 但我卻靈光一閃地想到可以用深呼吸來哄他入睡。
>
> 我抱著他，塞給他奶瓶也熄了燈，但他還是一直哭鬧，
> 此時我開始慢慢有節奏地呼吸，並拍著他。他並沒有馬上停
> 下來，但卻慢慢地將注意力轉移至我的呼吸聲，同時也感到
> 安全舒適。
>
> 約莫十分鐘左右，他身體放鬆地睡著了。我感受著他躺
> 在我懷裡的感覺，同時以更放鬆的呼吸來進行冥想。我靜靜
> 地感受這黑暗中的寂靜，也聽著從他嘴裡發出的喃喃聲。

另一個不是那麼重要但卻很明顯的例子，就是很多老師會在
自己的班級中進行冥想體驗，其中視覺冥想是最常被使用的方式。
其中一個在天主教高中教書的老師說：

　　學生要求體驗冥想而且樂在其中。雖然他們很坦率地承認並不了解冥想的過程，但他們卻喜歡這種感覺和結果。他們可以坐很長的一段時間，而且集中注意的時間也增加了，這使得他們的考試成績進步，也比較不惹麻煩了。這樣的結果，讓其他我不曾帶領他們體驗冥想的學生也要求我帶他們體驗，真的非常有趣！

　　家長們也反應學生很喜歡我的課，也感謝我帶他們體驗這種經驗。在昨晚的家長會中，他們更討論冥想帶給孩子的改變，他們都覺得孩子比較不具攻擊性了。

　　第五個例子是關於冥想能發展出一種締結關係的能力。有一個學生寫著：

　　我專注於我的呼吸並且陷入一種我熟悉的狀態，我很享受這種平靜的感覺。當我醒來步出房間，朝回家的路上走去時，我注意到此時我哼著歌，踩著輕快的腳步，而在路上的小狗和騎著單車的小孩都讓我感到開心。在這偏僻的角落，所有東西都靜止了。過了一會兒，我體會到我只是周圍影像的反射體，而它能成為我平靜生活的一部分真是太棒了……

　　基本上，我覺得當我和他人、自然萬物，以及無窮的宇宙締結關係時，便是在進行一種自我反省。

　　在本章我曾經提到一個將冥想應用於游泳的學生，有一天他說他感覺已經和水融為一體了。他在日記中記載著：

　　這最後二十呎的距離是很令人舒服的——只有一種與水融為一體的感覺，我因為水的浮力而游得更好。

另外一個已經進行冥想很多年的學生，對於此種關係的締結，有著如下的描述：

> 這樣冥想的時刻開始於我的思考與身體的感覺逐漸安頓下來時，雖然它們不是完全的消逝無蹤，但我已難以覺察它們的存在。這是一個幾乎不用任何禱告就能帶來寧靜平和感的冥想。事實上，當下的我除了意識到自己本身還存在之外，其他的幾乎都不存在了，這種感覺會一直持續，直到這樣的時刻將結束為止，而此時的我也開始擁有鮮明的感覺或了解了。要解釋如何將此二者合而為一，並不容易，這種感覺就好像你可以意識到在你身體裡的每個細胞，甚至感覺到這些細胞在體內竄動……我可以敏銳地覺察到我是圍繞於我之間的一部分，我內在的自己、我的身體與我所處的環境等等，彼此之間都是沒有距離的，也因為這樣的覺察會延伸，所以我才會感覺到自己是屬於這整體中的一部分。當我閱讀我所書寫的東西時，雖然它們看似浮誇，但其實是一種簡單卻又深刻、平和、完整、充實的經驗，不論對身體、智力或心靈而言皆然。

最後，我的一些學生也會指出，當他們開始冥想後，周圍的人也會逐漸發現他們的改變。這些與他們親近的人發現冥想的這群學生是較能放鬆且集中注意力的，其中一位學生這樣形容：

> 我的妻子發現我的行為有一些改變……她指出，每天清晨當我冥想時，我就會比原來出門上班的時間 7：30 更晚個五到十分鐘，這並不是因為我使用額外的時間來進行冥想，而是當我準備妥當後，我讓自己的步調變得更慢了。

本章節一直討論有關於身為教師的我們如何幫助自己更專心、更有效能，同時也引導學生學習進行注意力集中的練習。然而，在結語時我們也必須說明，其實我們自小孩身上學到的更多：

> 當小孩在照映於波瀾水面的陽光中玩耍時，也能讓他們有著恍若置身上帝面前的愉悅滿足感。你曾看過嬰兒一動也不動地凝視著發亮的燈泡或月亮嗎？嬰兒或小孩能非常自然地探索到如何滿足心靈的方法：屏氣凝神、直率無畏地直視、倒立、模仿動物、轉圈圈、一動也不動地坐著、一遍又一遍重複同樣的字彙，直到彷彿一切已靜止般。別再認為冥想是一個特別的東西，認真、好奇地看看你所處的世界，就好像你才剛來到這個名叫地球的星球般，用心地觀察這些岩石自然的紋路與構造、樹兒如何扎根於泥土下並向上延伸至天際，以及所有動植物之間的互動關係。試著從公園裡狗兒的眼中看見你自己、從花兒的本質裡看透、從山的巨大裡看透自己。當我們的心靈可以保持不受干擾的狀態時，也許我們就會到達那種「無我」、「萬物與我為一」的境界。

 參考資料

Benson, H. (1976). *The relaxation response*. New York: Avon.

Canfield. J., & Wells, H. (1976). *100 ways to enhance self-concept in the classroom*. Englewood Cliffs, NJ: Prentice-Hall.

Carrington, P. (1977). *Freedom in meditation*. New York: Doubleday. Copyright by Patricia Carrington.

Dass, R. (1978). *Journey of awakening: A meditator's guidebook*. New

York: Bantam.

Goldstein, J. (1976). *The experience of insight: A natural unfolding.* Santa Cruz. CA: Unity Press.

Krishnamurti, J. (1954). *The first and last freedom.* Wheaton, IL: A Quest Book.

LeShan, L. (1974). *How to meditate.* Boston: Little, Brown, and Company.

Linden, W. (1973). Practicing meditation by school children and their levels of field dependence-independence test anxiety and reading achievement. *Journal of Consulting and Clinical Psychology, 41,* 139-43.

Walsh, R. (1992). Transpersonal psychology synthesis. *Journal of Humanistic Psychology, 32,* 19-45.

第 5 章

想像力

*

「想像力遠比知識重要。」

——愛因斯坦（Einstein）

想像力是內在成長最大的原動力。內心的想像可以產生很大的功效。例如：如果我很害怕面對群眾講話，光是想像我站在眾人面前，就足以令自己心跳加速。因此，經由心像的引導或視覺冥想便能促成較正向的成長與覺察。

視覺冥想的過程中會出現很多不同形式的心像（Samuels & Samuels, 1975）。例如：最常見的一種就是記憶心像（memory image），也就是對過去知覺經驗的一種視覺化回憶，此種記憶心像是大多數人用來記憶日常生活事件的常見方式。這些心像的強度隨著個體心理上受其影響的強度而定。教室中一件令老師惱怒的事件所形成的心像，常會使類似事件再度發生。所謂再發生心像就是會讓過去的記憶，一再地出現在腦海中的印象。一般說來，

記憶心像是可以被控制的,也就是說,我們能依自己的意志來決定要不要想起某些記憶。腦海中有些印象是很鮮明的,但多數的印象都是「模糊、不完整而短暫的」(p. 40)。此外,透過聲音或嗅覺也可以喚起記憶心像。例如:一首老歌可以喚起你當時聽到這首歌時的印象。

最鮮明的印象要屬全現心像(eidetic images)了,個體可以經由它正確地看到事物中很細節的部分。曾有過此種經驗的人都被認為擁有如相片般的記憶。曾有一個實驗以隨機的方式讓受試者看兩組由超過一百萬個小黑點組成的點陣圖,如果受試者是將每一個點陣圖分開來看,那他將看不出特殊的圖型,但若他能將所有點陣圖重疊起來,特殊圖形就會出現。研究發現,擁有全現心像能力的人就算他分開看兩個點陣圖,在數小時後,他們仍會在腦海中完整出現上述的特殊圖形(p. 43)。

心理學家發現兒童最常出現全現心像,但這種能力通常到成年後就消失了,因為在兒童成長的教育過程中,並不重視這個能力的持續發展。

另外一種想像是創造力心像(imagination image)。此種心像沒有參考點也不需與現實相符應。例如:我們會想像自己到了一個從未去過的地方;有時候我們會想像自己是一個有名的運動員、專業表演者或是電影明星。創造力心像常是生動逼真、很有影響力且會讓我們全神貫注的。

創造力心像不只是白日夢而已,它更是創造力展現的過程,它可以讓藝術工作者或作家天馬行空地創作。

白日夢(daydreams)和夢想(fantasy)經常是記憶與創造力心像的結合。作白日夢時我們常常回憶過去曾發生或是想像未來可能發生的一連串事件。耶魯大學的心理學家傑洛姆·辛格(Jerome Singer, 1975)曾對白日夢做過大量的研究,他曾描述過各種

不同內容類型的白日夢，例如：關於成功或失敗、關於性、關於英勇事蹟或是問題解決的。他也指出：「白日夢出現的頻率與會出現某種類型、內容的白日夢，是與想法的獨特性以及想追尋新奇的經驗有關。在文學創作或藝術工作上有特殊天分、能回憶起較多夢境以及較能描述自己人格特質的人很可能比較容易作白日夢。」（p. 67）

另一個來自畢波（Bilbow）的研究發現，較有想像力的孩子在看完暴力式的電視節目後，較少出現暴力行為；反之，較不具想像力或創造力的孩子在看完具暴力行為的電視節目後，反而出現攻擊行為增加的現象（Singer, p. 115）。

夢想對青少年也很重要。在席夢德（Symonds）以及詹森（Jensen）的研究中發現，高中生的夢想，對思考自己將來要成為什麼樣的人是很重要的。事實上，很多人成年後所選擇的職業，在十年前當他們還是青少年時，就曾經出現在其夢想中（Singer, p. 151）。

有另外兩種心像是介於睡著與清醒的狀態之間的，分別是發生在入睡前的催眠心像（hypnagogic images），以及發生在入睡後的睡夢中心像（hypnopompic images）。這兩種心像通常都非常清晰但卻超乎意識控制。

夢（dreams）是另外一種形式的心像。雖然我們都不太能記得作過什麼夢，但心理學家卻指出，平均每個人在一個晚上都會作三到五個夢。夢就和白日夢一樣，經常是記憶與想像力心像的結合。然而人們總覺得自己無法控制夢境，就像無法控制白日夢一樣。夢雖很具影響力，但大部分曾從噩夢中驚醒的人都知道那只是一場夢。

幻覺（hallucinations）則與創造力心像不同。創造力心像是存在於我們內在的一種景象，然而有幻覺的人則是堅信他們看到一

種存在於自己體外的景象。

後像（after image）也是一種心像的形式。當我們持續凝視著一盞很亮的燈之後，視線移到其他地方時，仍能看見該燈的現象，就稱為後像。

■ 想像力的功能 ■

想像可以帶來生理上特殊的改變。有研究顯示，當個體想像自己正在跑步時，他的肌肉便會出現些微的收縮。

我們知道透過想像也可以改變情緒狀態。例如，某人害怕搭飛機，則當他想像這件事時，便會激起害怕的情緒，同時也會伴隨一些生理上的變化。相同地，想像一個很輕鬆的畫面，像走在草地上，便能讓減緩心跳速度、降低血壓，並使肌肉放鬆。曾經有一些針對想像對身體其他部位影響的研究，墨菲（Murphy, 1992）指出：「這些研究顯示，透過想像可以加速減緩病患來自憂鬱、焦慮、失眠、肥胖、性困擾、慢性疼痛、恐懼症、心因性疾病、癌症以及其他疾病所引起的疼痛。」（p. 372）

❧ 自我發展

想像是一種增進自我意象（self-image）的工具。麥斯威爾‧瑪爾茲（Maxwell Maltz）發展出一種名為精神分析控制論的過程，它運用想像來改善日常行為，康拉德‧希爾頓（Conrad Hilton）與亨利‧凱薩（Henry Kaiser）兩個例子可以證明想像力如何影響行為。其中凱薩說他每一項事業上的成就在達成前都曾出現在自己的想像中。

瑪爾茲鼓勵每一個人都要想像一件未來會碰上的特殊事件，這種型態的想像稱為「預演練習」（rehearsal practice），證據也

顯示這種想像最後都會出現當初想要的結果。李察森（Richard-son）也曾針對想像影響籃球員罰球的狀況做過研究（Samuels & Samuels, pp. 166-67）。研究中將從未練習過想像的受試者分成三組，其中一組在二十天中每天練習罰球；第二組則只在第一天及第二十天練習；第三組也在第一天及第二十天練習，特別的是他們每一天都進行二十分鐘想像罰球進籃的景象。研究結果很有趣，每天練習的第一組，進球率增加 24%；只練習兩天且未練習想像的第二組則是一點進步也沒有；然而，同樣只練習兩天且同時進行想像練習的第三組，進球率增加了 23%。在其他球類的研究上也都出現相同的結果。李察森發現想像者能掌控想像的內容是很重要的一件事。例如：一個想像會有失誤球的學生其球技一定無法與其他並不這麼想的學生相比。

迦納（Gardner, 1984）對蘇聯奧運選手的研究結果更讓人印象深刻。在這研究中，受試者被分成四組，第一組在研究期間專心練習自己的運動項目，而沒有任何的想像練習；第二組則是以四分之三的時間練習運動項目，四分之一的時間練習想像；第三組則各花一半的時間在運動項目及想像的練習上；至於第四組則只花四分之一的時間在運動項目的練習，四分之三的時間則用來從事想像練習。結果顯示，選手的表現好壞與進行想像練習的時間有直接關係，第四組的選手在運動項目的表現最好。

雖然想像力被廣泛運用在各方面，但教育工作者仍對它抱持高度懷疑。然而，老師如果能夠想像怎麼上一堂課，那將使我們的教學更有效。有時候，第一天的教學是老師與學生彼此試探的時間，讓我們來想像在學校的第一天可能出現的景象：

放輕鬆……並且舒服地坐下來……
想像你在第一天開車到學校的路上，你覺得很輕鬆而且

很有自信⋯⋯你走進學校而且進了自己的班級⋯⋯你看到了
這個你為學生準備的教室中有桌子，有椅子。上課鐘聲響了，
學生陸陸續續進了教室⋯⋯你以一種很輕鬆而且溫暖的方式
迎接他們，並請他們坐在自己的位置上⋯⋯你將椅子排成一
個圓圈，好讓學生可以自我介紹⋯⋯首先你先自我介紹。同
時也說出你對他們的期許⋯⋯接下來你以活動來讓學生進行
自我介紹⋯⋯接著，你開始今天的課程⋯⋯這一天在一種輕
鬆且收穫滿滿的氛圍中展開。

　　瑪爾茲建議每天讓自己有三十分鐘獨處、不被打擾的時間，
以便進行想像力練習。他也建議大家想像自己正在一個很大的動
畫螢幕之前，就好像自己是動畫中的核心人物一樣。此外，盡可
能想像自己在真實情況中可能遇到的細節部分也很重要。例如：
有一個人一直很怕牙醫，直到他開始在想像中注意到一些細部的
部分，像是聞到消毒水的氣味、對診療椅的感覺、牙醫的手等等，
才克服了對牙醫的害怕。同時你也必須依自己想要的方式而不是
依循過去的方法來行事，例如：如果你之前缺乏自信，現在你則
需要以冷靜、從容的態度來看自己的一切。

　　瑪爾茲（Maltz, 1969, p. 42）認為這樣的練習可以協助個體建
立新的自我意象。葛瑞森（Grayson）與歐菱格（Olinger）這兩位
心理學家指出，有四分之三被診斷為神經性精神疾病的患者，在
全神貫注於增進自己的心理意象後，在行為上的表現也和進行想
像力練習的結果一樣，改善了很多。

　　另外一個運用想像力的技術就是約瑟・沃普（Joseph Wolpe）
發展出來用以克服害怕、恐懼的系統減敏感法（systematic desen-
sitization）。例如：一個害怕飛行的人，會讓他逐次地想像自己正
身歷各種不同層次的飛行狀況，包括從想像機場開始，當想到機

場不會有害怕的感覺時，便想像在機場櫃台報到的場景，接下來是想像走到了登機門、候機、登機、繫上安全帶等等。沃普建議這個層次的排列要從最不害怕的景象開始，一直到最害怕的情況為止，如此才能讓個體完全經歷所有狀況。這個技術已經成功地讓很多人克服了害怕。

🍀 靈性發展

想像可以作為增進自我意象的一種方法。藉著輕輕碰觸深層的真我可以增進我們的幸福安適感。榮格指出，內心深處是一個與基本需求直接有關的單純心像（pure image）自我調節的地方。若能與內心深處保持在一個和諧的狀態，我們便可以了解哪些是我們需要改善的部分。例如：當我們太投入老師這份工作時，我們可能會在腦海中出現自己孩子的心像，這暗示著我們已經投入工作到了忽略家庭的地步。

來自內心深處的心像可以讓自己與自我更和諧地相處，也就是更能悅納自己。這種心像也有一種宇宙的特性，像來自大自然（例如：海洋或高山）的心像就有這些特性。當你練習過第 110-111 頁的放鬆練習後，你可以繼續下面的練習，以探討內心深層的自己：

你現在是處於一個冷靜、放鬆的狀態。讓這樣的狀態更深層，你便可以想像自己悠遊於這個空間中。想像自己處於一個無重力的狀態，不需太費力氣就能穿梭於此空間中。你也可以看見自己被此空間中滿布著深藍黑的顏色圍繞著。當越往此空間的深處走去時，你會看見星星或行星變得越來越渺小。當你看見星星變得越來越小時，也進入到更深的放鬆狀態。現在想像在面前瀰漫著白色的光，想像自己慢慢地越

來越靠近這道光芒所涵蓋的區域，直到感覺自己沐浴在光芒中並且全身充滿活力為止。穿越這道光來到它的中心，想像這道光的中心是一個超越亮與暗的空間。在這個空間裡，你將感到更開放、更清明。在你面前你開始看到一些景象，一直盯著它們看直到消失為止。這些景象就是單純心像，它們有自己的生命週期，也可以自己決定何時出現、何時消失，如果它們讓你有不好的感覺，也不要害怕，就讓它們出現。

　　只要你願意，你可以一直待在這個空間裡。只要想像自己已經穿越該空間回到出發的地方，你就可以回到自己每天生活的狀態。數到三時，你可以睜開眼睛。（Samuels & Samuels, p. 156）

　　來自內心深處的想像可以讓自己感覺到是一個完整的個體。下面的這種想像方式可以讓我們感受到靈性的部分：

　　當一個人有這樣的經驗時，會有不尋常的事發生。他會在想像力、想法、感情以及感受等方面有新的詮釋，這和之前所擁有的詮釋完全不一樣。這些新的詮釋好像來自於自身之外的世界，就和夢一樣。他不需要花力氣去尋找這些新的詮釋，它們就會自己湧上來。當他有這種經驗時，便和宇宙融為一體了，此時會覺得自己是宇宙萬物的一部分，而不是自立於外的觀察者。（Samuels & Samuels, p. 66）

　　榮格認為心像的產生都是自發性的，或是獨立於自我之外的，而且也是創造力的來源。

🍀 創造力

想像力也可以用來增加創造力，事實上想像是創造過程的核心。華勒士博士（Dr. G. Wallas）指出創造過程包括了四個基本的元素（Gowan, 1979, p. 39）。

第一個是「準備期」（preparation），在此期間主要是蒐集相關的資訊。第二個階段是「醞釀期」（incubation），在此期間個體是放鬆的，也不刻意地想要解決問題，只是將蒐集到的資料放在腦海中思考。第三階段為「豁朗期」（illumination），在此階段時會像當年凱庫勒（Kekule）在夢境中發現苯分子的結構一樣，在自然無預期的情況下出現解決問題的方法。第四階段為「驗證期」（verification），此時期會對新的構想進行實踐檢驗，從而創造出新的東西。

第二階段的醞釀期似乎是發生在右腦，更是想像力充分發揮的時期。有很多的藝術工作者與科學家都說想像力是創造的重要根源。例如，德國作曲家布拉姆斯（Brahms）說：

> 我馬上感受到令我整個人都很興奮地共鳴⋯⋯在這狀態中，我很清楚看到自己平常看不清楚的情緒模樣，在此狀態中我也能充滿靈性地做出類似貝多芬所做的事一樣⋯⋯這個共鳴來自想像⋯⋯當我想像時，靈感馬上就來了⋯⋯我必須讓自己處在一個半夢半醒的狀態，也就是一種意識暫時中止，而處於潛意識的狀態時，才能有這樣的結果（引自 Gowan, p. 43）。

科學家們也有相同的見解，杭特（Hunt）與卓伯（Draper）描述了年輕時代的特斯拉（Tesla）與朋友吟詩的一個經驗：

當他一邊朝著日落的方向走去、一邊吟詩的同時，有一個影像像光一樣地閃進他的腦海，此時所有關於如何解決交流電馬達問題的方法，出乎意料就出現在他的眼前，他對此感到很驚訝也試著對朋友解釋這一切……這個出現在他眼前的影像十分鮮明，這也使得他發現了轉動的磁場原理。此時一場關於電學世界的革命便展開了（引自 Gowan, p. 44）。

如同本書之前所提到，愛因斯坦也曾提及想像力對他工作的影響。他藉著想像自己乘坐在放射的光束上而發現「相對論」。

畫家們也認為想像力是創作的關鍵。馬克斯·恩斯特（Max Ernst）是一位抽象派的藝術家，他曾寫道：

> 一切都從 1925 年 8 月 10 日開始，我回想著孩童時期看到一幅仿製的桃花心木畫掛在床鋪對面的這件事時，它勾起了在睡與醒之間的眾多夢境之一。事情發生在一個下雨天的海濱會館，我被因為刷子刷過而顆粒更顯突出的地板給震懾住了，它讓我全然興奮的注視著。因此我決定一探究竟，而且為了支持我對冥想與幻想的論點，我從地板上拿了一些畫，並將紙張隨機掉落在上面，同時以黑色的繩線加以拓印，當我仔細地看著以上述方式畫好的圖形時——有一些看得出來是圖形，有一些是模糊不清的——我對於自己突然提升的想像能力以及似夢般一連串相互矛盾的想像感到訝異，而這些想像是一個接一個、持續又快速的與愛有關的特殊記憶。

創造力是一種想像力可以發揮的意識狀態，但我們卻常消極地接受他人的經驗跟想法，而不願意嘗試發揮創造力。創造的經驗令人狂喜，就如同馬斯洛（Maslow）所描述的高峰經驗一般。

在後面的章節我將提到一個增進創造力的活動。

🍀 身體健康

想像力也可以應用在醫學上。安慰劑可以喚起病人想像疾病可以被治癒的景象，所以常被醫生用來治療病人。但事實是，醫生藉由專業權威使病人能想像藥物的效果進而將病治好。在一項研究中指出，「因為胃潰瘍出血而住院的病人，醫生持續在其體內注射蒸餾水一年，並告訴他們這是最新發明可以治癒疾病的藥物，在一年之後追蹤發現，有 70%的病人治療效果非常好。」（Samuels & Samuels, p. 219）

想像力在歐洲也被廣泛使用在自體治療上。這是 1930 年代由史庫茲（J. H. Schultz）發展出來的一種協助調節某些生理狀況的方法，例如呼吸、心跳等等。有很多關於這方面的研究，例如，有研究指出此種治療可以協助「下視丘調節自主神經系統」。在自體治療中，病人使用類似「我的心跳很平緩」、「我的前額是不燙的」之類的想像。這些想像的技巧搭配上藥物及手術的治療，已經有效地治癒了胃潰瘍、胃炎、痔瘡以及許多慢性疾病。

🍀 想像的技巧

想像力就如同老師般能幫助我們成長，我們可以藉由它來增進自我的意象。然而首先必須進行一些基本的想像練習，以熟悉想像力的過程。

進行想像時需要有一個安靜的環境，而你也需要被激發；必須要有一些能引起你興趣的事；放鬆也是必要的，你必須要保持平靜並且專注於手中的事，另外保持一種開放與接納的態度更是重要。可以藉著注視一個物品開始簡單的想像練習，例如看著一顆橘子。

　　將橘子放在距離你面前二到三英尺遠的地方，在橘子附近不要有其他的東西以免干擾你的注意力……放輕鬆並且深呼吸……現在開始研究橘子，注意它的形狀、顏色以及紋路等等……現在閉上你的眼睛……想像這橘子的影像，例如它的形狀、顏色跟紋路……現在張開眼睛並且看著橘子，與你剛剛的想像做比較，注意每一個差異。現在閉上你的眼睛再重複做一次。

　　另一個簡單易做的練習是想像你孩提時代的房間，這所能喚起的記憶比剛剛的橘子更模糊。

　　閉上你的眼睛，想像自己正置身於小時候的房間裡，注意裡頭的家具，它們是怎麼擺設的？走到窗戶旁邊同時向外看，你看到什麼？現在再一次環顧房間四周，你注意到什麼顏色？牆上有壁畫嗎？地毯看起來如何？房間裡有其他特別的東西嗎？最後，注意所有的門，它們都朝向哪邊？

　　下一個練習則是要求你在房間四處移動，並且將記憶與想像合而為一。

　　讓自己回到剛剛那個小時候的房間。你現在站在一堆壁畫前面，而且很仔細地看著這些畫，直到你來到電燈開關的旁邊。打開燈，看著燈，注意燈泡如何產生燈光。不斷地將燈開開關關，此時你的眼睛也注視忽亮、忽暗的燈泡。現在走到桌子前，在桌面上拿起一本書或一枝鉛筆，轉動它，看著它，再將它放回桌上。現在想像它突然無重力似地飄浮在你眼前，看著它飛過你眼前、在天花板盤旋，看著它又飄回

來並停在桌面上。現在你面向窗戶，想像自己正朝窗戶的方向飛出去，讓自己在距窗戶幾英尺遠的地方盤旋，看著你眼前的景色，並注意附近的房子、道路、樹木以及天空，漂浮的時候看著在你下面的大地、草地上的人行道、小灌木等，現在慢慢地飄回來直到你的腳碰觸到地面。（Samuels & Samuels, p. 126）

　　一旦你對之前的想像練習感到舒服並且有能力掌控，那麼就可以藉著想像力來讓自己更清楚老師的角色。

　　閉上眼睛並且放輕鬆……你看見一條小徑……你沿著小徑穿過一片草地……很快地，你來到一座山丘，爬上山丘時你看到遠處有一間校舍……有一個老年人倚著門邊等待……他所穿的襯衫上打了一個蝴蝶結……他交給你進入學校的鑰匙……然後他離開了……你打開門走了進去……裡面全都是你曾經要求過的物品……現在你依照自己的方式打造這間教室……當你完成後，你走出教室，搖了上課鈴……來自附近農村的小朋友開始聚集……你迎接他們並向他們介紹你自己……你告訴他們你要如何在今年經營這個學校……直到隔天你才讓他們離開……你環顧教室四周……鎖上門……爬上山丘……沿著小徑穿過草皮……你回到一開始出發的地方……當你準備好後……睜開你的眼睛。

　　當你做完上述的練習後，問問自己下面的問題：

　　在你走路的過程中你看到什麼？有哪些東西是讓你驚訝的？是顏色、聲音還是味道？當你看到學校時，你的感覺是

什麼？當你拿到鑰匙的時候，你的感覺是什麼？那教室看起來如何？教室裡有哪些物品？你如何擺設這些物品？那些孩子快樂嗎？你呢？你跟他們說些什麼？他們中的任何一個人對你有反應嗎？你想離開那裡嗎？你會想再回去嗎？（Samples, Charles, & Barnhart, pp. 188-89）

其他的一些想像也可以用來幫助洞察自己、處理或面對各種情況。

閉上眼睛……深層地放鬆……你正在一片草地上，感覺很有精神……你看見草地上的一條小路，並沿著小路走下去……你享受著自己沉浸在有溫暖陽光以及新鮮空氣的景色中……你知道自己往正確的方向走……當你繼續往下走時，你看見有個東西橫在你面前……它越來越大，現在你發現那是一道大石牆……當你越來越靠近這道牆時，你發現它阻擋了這條小徑，而且你無法繞過或爬過這道牆，因為它太高了……現在你發現你站在這道牆前面……你會如何做……（思考兩分鐘）現在慢慢張開你的眼睛並且反思剛剛的想像畫面。

這個引導式的想像，可以讓你洞察自己是如何處理難以解決的問題。接下來的引導式想像練習可以讓你對自己未來的目標有一些洞察與了解。

閉上眼睛……深層地放鬆……你正在一片草地上，你看見草地上的一條小路……你走在小徑上……
放鬆地享受這一切……你看見鳥兒在空中飛，也聽到牠們啁啾的叫聲……天空很藍，空氣很清新……你看到另一個

人也在這條小徑上，同時漸漸地朝你走過來……你不知道對方是誰……然而當他走近你時，你發現他跟自己很相似……你現在知道那個人就是你，而且是十年後的你……十年後的你看起來像什麼？你身上穿的是什麼？你的臉看起來是什麼樣子？你的興趣是什麼？你那時在做什麼？你的目標呢？試著想像你當時變成的模樣……現在慢慢地睜開眼睛……並且反思剛剛的想像畫面。

對有些人來說，省視自己或是想像自己的未來是有困難的，如果你對這樣的練習感到困難，你可以過一陣子再試試看，到時你會發現變容易了。想像也能幫助你了解自己的意向，幫助自己成為一位老師。

深層地放鬆……閉上眼睛……你正在一片草地上……天空是藍的，在不遠處有一座山丘……當你靠近它時，你覺得它看起來像什麼？……它是一座大山丘還是小山丘……它很陡峭凹凸不平很難爬過去，還是表面很平滑？……你發現有一條路可以上山丘……你沿著它走……這條路是寬的還是窄的……當你開始沿著小路走時，在你四周的地面看起來怎麼樣？是布滿草地還是滿地石頭？……當你爬上山丘時，請停下來注意四周的景象……你能看多遠……現在你繼續往前走……邊走邊呼吸著新鮮的空氣……你感覺到身心舒暢……

你已接近山頂，並且看見了一座廟……那座廟看起來如何？……當接近廟時，注意它的外觀……當靠近它時，你覺得平靜且安定……你走到廟宇門前並脫下鞋子，廟的屋頂有一個天窗，陽光從那兒灑下……你走向那陽光並感受到一股暖意滲入身體……你現在已準備好要進入內部了……此房的

中間有一個記號或影像，那記號對你而言，象徵一個教育概念……思考這記號和它所帶給你的意義……（暫停兩到三分鐘），離開廟宇並慢慢下山……把你在這旅途所接收到的能量，運用到你的日常生活中。

這種引導式的想像練習常會出現一些象徵物，每一個人都可以依自己的方式來解釋它。象徵物在想像的過程中是不可或缺的。以下是一些影像和它們的可能意義：

水：接受、被動、平定
上坡：成長、內心、旅途
十字架：生命之樹、心靈的連貫
小山丘或山：目標或抱負
光：創造力、團結、神聖的根源
陽光：生命力、治癒整個心靈

（Samuels & Samuels, p. 97）

每一種象徵可能都有多重意義，所以不需花太多精力去解釋它代表的意義。然而，如果某一種象徵一直持續出現，那可能得藉由冥想或其他想像方式來了解它真正的意義了。

大衛‧杭特（David Hunt）在 1987 及 1992 年曾將引導式想像的概念運用在協助老師的成長上。他曾廣泛地以各種不同的方式應用在自己的學生身上，其中之一是將想像視為是個體重新獲得能量的方法。如果我們能有適當的想像，就能讓自己更有能量地當一位老師。

最後，我要簡單地描述華德福學校的老師如何在教學中運用想像力，來作為本章的結語。他們每一天晚上都想像自己班上的

學生，並試著和學生深層的自己溝通。經由這樣的方式，華德福學校的老師能更深層地了解自己的學生，而且當隔天面對學生時，也能讓自己有更好的表現。我不相信只有這所學校做得到，任何能在心中擁有自己學生意象的老師都可以！

 ## 參考資料

Garfield, C. A. (1984). *Peak performance: Mental training techniques of the world's greatest athletes.* New York: Warner Books.

Ghiselin, B. (1952). *The creative process: A symposium.* New York: A Mentor Books.

Gowan, J. C. (1979). The production of creativity through right hemisphere imagery. *The Journal of Creative Behavior, 13,* 1.

Hunt, D. E. (1987). *Beginning with ourselves: In practice, theory and human affairs.* Toronto: OISE Press.

Hunt, D. E. (1992). *Renewing personal energy.* Toronto: OISE Press.

Maltz, M. (1969). *Psycho-cybernetics.* New York: Simon & Schuster, Pocket Books.

Murphy, M. (1992). *The future of the body: Explorations into the further evolution of human nature.* New York: Jeremy Tarcher.

Samuels, M., & Samuels, N. (1975). *Seeing with the mind's eye.* Copyright 1975 by Mike Samuels, M. D., & Nancy Samuels. Reprinted by permission of Random House Inc. and The Bookworks.

Singer, J. L. (1975). *The inner world of daydreaming.* New York: Harper & Row.

The Holistic Teacher

第 6 章

運動

「我的健康計畫絕對不只是計畫，而是一種運動、一種變革、一種改變。
我下定決心要找回我自己，而在這個運動、改變的過程中，
我找回了擁有靈魂的身體。」

——醫學博士喬治·席瀚（George sheehan, M. D.）

〔摘自《跑步與存有》（*Running and Being*）〕

　　過去二十年來，大家談論的主題就是運動與健康的關係。1977
年 10 月，喬治·迦路（George Gallup）曾說：這十年來，健康議
題的迅速發展就如同戲劇般，造成大家生活型態的巨大改變。其
中在北美地區有一項很明顯的變化，那就是當地的居民透過運動
而重新了解自己的身體狀況，也透過運動的過程而有機會從不同
的角度看待自己。當人們想要能更舒服自在地與自己的身體相處
時，跑步、走路、有氧運動以及其他被廣泛應用的運動類型都會
是他們的選擇。

以下有一些證據可以證明規律運動所帶來的好處（Murphy, 1992）：

當醫學界開始重視運動時，在很多國家、地區中公開參與提升健康活動的人數也開始增加，在北美、歐洲、澳洲、日本、俄羅斯等地就有好幾百萬人開始規律地走路、游泳、跑步。事實上醫學界也發現自 1960 年代後期以來，上述的運動已經明顯地降低了心血管疾病的死亡率。（p. 422）

運動所帶來的其他好處還包括了降低退化性關節炎與韌帶損傷的機率、增加肌肉的張力、降低脂肪、增加荷爾蒙的平衡、增強免疫力，更能增加抗癌的能力（Murphy, 1992, pp. 425-31）。

從全人的角度來看，身體可以是另外一種自我探索的工具。

藉著傾聽自己身體的聲音以及跟自己的身體在一起，可以更清楚地看見自己。有一個很好的例子可以說明跑步如何讓席瀚（Sheehan, 1978）更清楚地看到他自己：

第一次達到這種健康狀態，那就是發現在體內有一個真正的自己（就像雕刻家發現石頭裡有一座雕像一樣）。而且透過自己的身體、透過反映自己靈魂的鏡子、透過了解自己個性的鑰匙、透過氣質指示器，我看見一個真實存在的自己。

我不再喝酒，也不再過著燈紅酒綠的生活。邀請我參加舞會的女主人在跟我接觸的五分鐘之內就知道自己邀錯對象了。在宴會中，我經常只端著一杯咖啡在廚房徘徊，帶著書找一個安靜的地方坐下來閱讀，直到宴會結束。我找到了我自己，我也不想再扮演任何人。（pp. 49-50）

當然跑步並不是幫助你集中精神的唯一方式。瑜伽、打太極拳、舞蹈、合氣道、爬山、游泳和打高爾夫球都可以是幫助我們內在發展的方法。其中伴隨著冥想的爬山運動幫助了彼得・馬瑟森（Peter Matthieson, 1978）更了解自己。

　　　　席瀚遇到了突出的岩壁，雖然望遠鏡橫綁在他的帆布背包，但他還是緊緊地抓住可施力的岩石，此時只要輕輕用力就可以把他推下斷崖，但我幾乎是不在意的。無論如何，我變得越來越堅強；我輕快地走著，不再步履蹣跚；讓腿部和肺部充滿活力；將重心保持在肚子。此時，縱使在很危險的情況下，我都不再感到暈眩，我的腳步走得更堅定。
　　（p. 134）

　　運動可以是集中精神的一種方法。在集中精神的過程中就可能發展出新的覺知，也能夠進入交替的現實中。諾門・布朗（Norman Brown）曾指出運動可以讓我們進入一種以變化為目的的存在狀態。有一個同樣來自席瀚的例子可以說明跑步如何提供一個存在的情境：

　　　　在路的順風處，我對自己跟宇宙有了一個全新的看法。跑步在此時是容易的、自主的、充滿力量的，我覺得有一股巨大的能量穿透我的身體，我覺得我現在是整體的，是神聖的，宇宙也是整體、神聖而且充滿意義的。在充滿熱情的氛圍中跑步，真實性就會出現，那種感覺就如同詩裡頭所說的「活到心裡頭去」。（pp. 226-27）

　　為什麼經由運動與活動可以讓我們有一種整體感呢？理由之

一便是這些運動與活動都要求專注。任何一種形式的運動都要求專心，否則表現會受影響。湯尼‧傑克林（Tony Jacklin）是一位英國的高爾夫球選手，他曾提到他打球時的一種如在繭中的專心狀態。

> 當我在這種狀態時，我是完全活在當下的，思緒不會飛出繭外。我可感受到每一吋我揮動球桿的感覺……我完全地被吸引，我投入在那特別的時刻裡。這是件很重要的事，但卻是一個很難達到的狀態，若無法做到，結果便是被淘汰。如果此時才告訴自己「我要專心」，已經來不及了。要達到這個狀態你不需費力做很多事，只要專注於當下就可以了。（Murphy & White, 1978, p. 116）

比莉珍‧金（Billie Jean King）是另一位見證者，她說打網球時可以發展出完全的專注力，在這種狀態下似乎能「目擊」自己打球的樣子。

> 打球時，我只專注於球與球拍之間，因為從沒有兩個球是以同樣的方向過網的。我欣賞著我的對手打球的樣子，但我好像是被抽離，且好像是待在另一個房間的觀察者。我看見對手向左又向右地移動著，但似乎好像並沒有真正的對手存在，彷彿我不知道——也不在乎——誰是跟我對打的人。（Murphy & White, p. 116）

運動時之所以要專心是因為可以讓我們在不同的現實中輪替，而且會有一種安適的感覺。但若期待每個專注於身體活動的人都能擁有像席瀚或其他運動員所描述的經驗，是很不切實際的，但

如果眞的能有系統、規律地從事運動，則是可以增進安適感的。

運動有兩種不同的層次。其中之一是將運動與某些目的綁在一起，例如減重。在這個層次上，運動變成一種工作。每天只要達到最低的運動要求標準，就可以擁有苗條又迷人的身材、得到更多的放鬆。

另一個層次是，爲了運動本身的目的而從事運動，因爲它能讓我們感受到整體的感覺。在這個層次的運動是一種遊戲。雖然我們也可能在這個層次的運動中減少體重或得到某些好處，但無論如何，我們之所以從事運動，是因爲它能讓我們統整自己，更清楚知道自己。

當我們將運動視爲遊戲時，就不會爲了達到某些目的而進行遊戲，因爲遊戲本身就是一種可以讓我們全然投入以及豐富內在的經驗。赫伊津哈（Johan Huizinga）在 1950 年寫了一本書《人，遊戲者：文化中遊戲元素的研究》（*Homo Ludens: A study of the Play Element in Culture*），他從各種不同的角度來定義遊戲。首先，他認爲遊戲是自由的，個人可以依自己的意願進入遊戲的情境中。遊戲還有一種「假裝的特性」，這種特性是一種抽象的概念，因此在遊玩的脈絡中，自然能發展出遊戲的意義。遊戲會在某種時間跟空間都受到限制的情況下發生，在此種限制下，某些自然的次序會被發展出來。

我們可以透過遊戲，在渾沌的生活中享受到短暫卻美好的片刻。遊戲需有明確的規則支持，就算是不起眼的小規則沒有訂定清楚，也會剝奪遊戲的樂趣，並使之毫無價值。遊戲與規則間密不可分的存在關係是我們將之歸類於美學領域的主因。遊戲有趨向美的趨勢，這項特性使遊戲規則富有生命力，這和我們在美學中所追求的因子並無不同。張力、對

稱、平衡、對比、變動、溶解等詞彙雖屬美學領域，但我們亦普遍將其用於表示遊戲元素。因此遊戲使人著迷是無庸置疑的，同時我們也可以在遊戲中體驗萬物的和諧，這更是遊戲所具有的崇高特質。（p. 10）

　　小孩子在很早期就會自然地開始遊戲。遊戲是他們面對世界的基本方式之一，對其日後的成長與發展都很重要。

　　對成人來說，遊戲是一種很難理解的事情。在一個被營利和宣傳控制的社會中，很難只為了滿足的目的而致力於一些活動。當投身於身體的活動時，我們的身體常被自我控制，其結果則是具有價值判斷的態度會影響我們對身體活動的參與。提姆・高偉（Tim Gallwey, 1978, p. 66）曾說，當我們運動時，不是受第一個自己（Self 1）控制，就是受第二個自己（Self 2）影響。第一個自己就是自我（ego）。因此，當我們打高爾夫球時，第一個自己會試圖要求我們「應該」要如何。例如：「頭向下」、「手臂伸直」、「蹲馬步」等等，第一個自己常常嘮叨不休，如果我們做錯了它會馬上糾正、責備我們「怎麼這麼笨啊！你沒有把頭擺低」。

　　相反地，第二個自己指的是「一種本能、天生、不需要經過深思熟慮，心裡想什麼，腦子裡會很快地做反應或決定的一種意識」（Gallwey & Kriegel, 1978）。我們都曾有過第一個自己與第二個自己的經驗。然而第一個自己具有吹毛求疵、價值判斷的特性，第二個自己卻可以讓我們感到舒服與放鬆。第二個自己讓我們似乎知道該做什麼，也會立即做出反應。從三歲大的小孩身上最容易清楚看到第二個自己。大部分的三歲小孩都能對自己的身體感到舒服安適。我總是對小孩的活動感到驚奇，就跟多數的父母親一樣，這樣的納悶起於我觀察自己孩子的運動及遊戲時的狀

況。小孩子遊戲或活動時通常都是不拘形式的。一個三歲小孩跌倒並不是件大事，我曾注意自己的小孩，當他們跌倒時如果父母親不在現場，他們會很快地爬起來而且不會哭；然而，如果爸爸媽媽在附近，他們反而會大哭。簡言之，此時他們正開始發展第一個自己。

　　一般來說，我們可以將第一個自己與第二個自己做如下的對照：

第一個自己	第二個自己
難受的	自由的
緊繃的	高興的
機械式的	輕盈的
令人厭煩的	順心的
不確定的	穩定的
緊張的	放鬆的
感到困擾的	覺得容易的
奮力的	容易的
理性的	強有力的
有預期的	順其自然的
容易生氣	容易成功
感覺沉重	充滿驚奇
遲疑躊躇的	安穩的
多變的	令人著迷的
成見的	飛揚的
守成的	有節奏韻律感的
困惑的	有彈性的
喔，天啊！	著迷的　　（p. 66）

■ 運動與教育 ■

有許多證據顯示，生理的發展與健康狀況和智力以及情緒的發展有關。艾爾絲博士（Dr. Jean Ayres）曾針對小孩子的生理與認知進行過相關研究（Leonard, 1977）。她發現有一些在嬰兒時期出現的反射動作，在某些小孩子身上仍然看得見。例如：當嬰兒的頭轉向右邊時，他右邊的手臂會自然地伸展而左邊的手臂會朝著頭彎曲，這是一種自我保護的反射動作。然而在發展的後期，頭與手臂會獨立運作，如果這種反射動作在兒童期持續存在，即表示該孩童在認知功能上出現某種障礙。因為長大後這種反射會在腦幹中被統整且被控制著，如果這種反射持續存在，將會影響孩子的閱讀及其他認知的功能。艾爾絲博士有一套訓練計畫可以解決這種困難，同時加速生理發展與認知發展的統整。

也有人很關心教師的身體健康與在教室中對學生的溝通技巧間的關係。在阿司匹（Aspy）的研究中指出，教師的身體健康與其在教室中的溝通效能間呈現正相關（Roebuck, 1977, p. 309）。一般說來，健康狀況佳的老師與學生的溝通會較身體健康狀況不佳的老師好。這個發現也支持了本書最主要的假設：能和自己和諧相處、真心面對自己的老師，在教室中會展現較好的教學效能。

總之，運動能讓我們再次存在於自己的身體中。當我們學著與自己當朋友時，我們就較能以整體的方式來看待自己；不僅能看到身心靈之間的關係，也不會否認自己生理上的需求。

透過運動可以幫助我們進行自我統整，當我們再次存在於自己的身體中時，便能更了解其中的意義。因此我們投身參與活動是因為活動本身的目的，而不是因為活動所帶來的其他外加的目的。當我們跑步、游泳或練瑜伽時，我們便能看見自己並且擴展

自己。當我們探索自己身體極限的同時，也是在探索自己的感覺。例如：當我第一次跑一至二哩的路程時，也正是我在試探自己個人的底線，因此見證自己的努力也是另外一種與自己感覺相處的方法。

♣ 與自己相處

因為很多書都已描述了如何讓身體更健康，所以我並不想再多談此部分，而要將焦點放在如何讓自己全神貫注（mindfulness）。

全神貫注簡單地說就是要能覺察當下。我相信用心是好老師的基礎。如果我們處於出神或不用心的狀態面對學生時，他們是可以感覺到的。我相信學生要的是老師能完全地、真正地感受當下。我們都曾有過和一位心不在焉的人說話的經驗。所以，我們知道一個能專注於當下且專心聽我們說話的人是重要的。

然而，緊張忙碌、充滿噪音的生活卻讓我們很難完全地活在當下。例如：當我們藉由散步來放鬆時，卻常帶著生活中尚未解決的問題散步，這些問題可能與工作有關，也可能是如何付信用卡款項，最後我們會發現因為太專注於這些惱人的問題，而不曾真正感受過空氣輕拂臉龐的感覺、不曾真正專注地看一棵樹、也不曾真正感受過和煦溫暖的陽光，因而無法真正地享受散步的感覺。因此，能直接面對或經驗自然萬物是最理想的狀況，但我們卻被凡塵俗事所困擾，這些凡塵俗事是阻礙我們了解、感覺這個世界的障礙物。

另一個讓我們無法專心的是，我們常常在同一時間做很多事。在家裡時我們可能會一邊看電視、一邊看報紙，又要一邊跟太太說話，試圖讓很多東西同時進到我們的意識裡，此時我們所接收的訊息都是片段的而且也不容易專心。

與全神貫注意思差不多的字眼是全心全意，也就是全力以赴地做某件事時，我們的意識是整體的。因為專心能讓自己與圍繞在自己周圍的萬物締結關係，這對讓自己成為一位有效能的教師來說是很重要的，我會要求我的學生做事時都要專心。有很多簡單的體驗可以讓我們達到活在當下的狀態，而若能活在當下，則進行冥想時就能專心。

我們可以從一次只專心做一件事開始。我們以吃一頓飯的完整過程來說，從準備開始，到做菜、開始吃飯等，每一個動作都可以是專心的。當你切著沙拉要用的芹菜時，就只有專心地切芹菜而不要想著其他的問題，否則你可能會切到自己的手而不是芹菜。漸漸地，我們發現專心地切著芹菜，可以讓我們更接近自己以及周圍的世界。完全地活在當下是一種全然投入的行為，當我們吃飯時，可以將注意力擺在吃、咀嚼跟吞嚥上。但常見的狀況卻是，我們常一邊吃飯一邊看報紙或看電視，這會讓我們沒有辦法品嚐食物。最後，在清洗碗盤時也要專心，可以用心地感受水流過指間以及碗盤上的感覺。我們往往很難讓自己在完成某件事後再去處理別的事，例如：洗碗盤時，心卻是掛念著電視上播出的曲棍球比賽；看著電視上的曲棍球比賽時，心裡又想著明天將面對的工作等等，諸如此類。當我們做某件事時心裡卻同時掛記著另一件事，這讓我們好像一直活在過去或未來，而不是當下。

奇克森特米海伊夫婦（Csikszentmihalyi & Csikszentmihalyi, 1988）曾對全神貫注做了研究。他們稱這最深層的專注狀態是一種浮流經驗（flow experience），而且研究也指出，此種狀態能讓所有的工作表現達到最理想的狀況。換句話說，當我們全然地專注時，最可能享受於工作中，並將其表現到最好。簡言之，只有全神貫注才能讓自己扮演好老師的角色並做好其他所有的工作。

一行禪師（Thich Nhat Hanh）寫過很多專門探討全神貫注的

書籍，他在 1976 年曾介紹了各種練習全神貫注的方法：

· 打掃房間

　　將你的工作分成幾個階段：清理東西、把書放回原位、清洗廁所、浴室、掃地、拂去灰塵。讓每一件事都有足夠的時間處理，把動作放慢，比平常的時候放慢三倍，將注意力集中在每一件工作上。例如：在你把書放回書架上時，看著這本書，知道這是哪一本書，感覺你正在將這本書放在固定的位置上，感覺到自己的手正碰觸這本書，將它拿起來。

· 放慢速度的淋浴

　　讓自己有三十到四十五分鐘的洗澡時間，從你開始放洗澡水到換上乾淨的衣服，每個動作都讓自己放慢，並且專心注意每個動作。將注意力放在自己身上的每一個部位，不需要害怕，用心地感受水流滑過身體的感覺。當你洗完澡時，你會感覺到自己的心就如同剛洗完澡的身體一樣地澄淨。順著自己的呼吸，感覺自己就在一個乾淨且芬芳的蓮花池中。（pp. 86-87）

　　而在近幾年的書中，一行禪師（Hanh, 1991）則提供了一種接電話的冥想練習：

　　我建議下次當你聽到電話鈴聲時，先坐在原地，調節呼吸並對自己微笑，也在心裡頭默念著：「聽啊！聽啊！這美好的聲音將帶我看到最真實的自己。」當鈴聲第二次響起時，你可以再一次重複默念上述句子，此時你的微笑將會更自然。當你微笑時，臉部的肌肉會放鬆，你的緊張會消失。你有足

夠的時間練習類似上述的微笑和呼吸，因為如果這是一通很
重要的電話，對方至少會連續打來三次以上直到你接電話為
止。當電話鈴聲第三次響起時，你可以很自然地一邊繼續練
習呼吸與微笑，一邊慢慢慢地拿起話筒，因為此時只有你是
你自己的主人。（p. 30）

　　我建議你們先以簡單的活動來練習全神貫注，慢慢地再應用
於像教室這種比較複雜的情境中。在教室中，不論是面對學生的
問題或是批改學生的作業，你一次只要專心做一件事就好。當我
們能更集中注意力、更把握當下，而不會感覺生活是困擾的、是
片段的時候，教室就會是一個令人感到舒服的地方。全神貫注或
是全心全意是邁向全人教育中，一種非常重要且必備的部分。

 參考資料

Csikszentmihalyi, M., & Csikszentmihalyi, I. S. (Eds.). (1988). *Optimal experience: Psychological studies of flow in consciousness*. Cambridge: Cambridge University Press.

Gallwey, T., & Kriegel, B. (1978). Tame the mind, trust the body. *New age*. Brookline Village, MA: New Age Communication, January. Reprinted by permission of Random House.

Hanh, T. N. (1976). *The miracle of mindfulness! A manual on meditation*. Boston: Beacon Press.

Hanh, T. N. (1991). *Peace is every step: The path of mindfulness in everyday life*. New York: Bantam.

Huizinga, J. (1950). *Homo ludens: A study of the play element in culture*. Boston: Beacon Press.

Leonard, G. (1977). *The ultimate athlete*. New York: Avon Books.

Matthieson, P. (1978). *The snow leopard*. New York: Viking Penguin, Inc. Reprinted by permission.

Murphy, M., & White, R. (1978). *The psychic side of sports*. Reading, MA: Addison-Wesley.

Murphy, M. (1992). *The future of the body: Explorations into the further evolution of the human body*. New York: Jeremy Tarcher.

Roebuck, F. (1977). Humanistic education from an HRD viewpoint. In Richard Weller (Ed.), *Humanistic education: Visions and realities*. Berkeley, CA: McCutchan.

Sheehan, G. A., M.D. (1978). *Running and being*. Copyright. New York: Warner Books. Reprinted by permission of Simon & Schuster, a Division of Gulf & Western Corporations.

The Holistic Teacher

Part 3
教學篇

全人教學

*

「小孩子將成為他在路途中第一眼所視之物。」
——華特・惠特曼（Walt Whitman）

惠特曼的觀察對嘗試將外在的物體、概念、想法與學生的內在生命連結的全人教學來說是重要的。在本章裡，我會廣泛地討論一些強化此種連結的教學策略，讀者會發現這些課程或教學的方法也曾在《全人課程》（1988）及《全人學習》（1990）中討論過。然而，我要再次強調，雖然策略和技巧對教學是有幫助的，但全人教育不僅僅只是一種技巧或一套課程設計而已。首先，教師本身是讓教學行為活化的重要關鍵；再者，深層的自己（真我）所引發出來的教學行為比任何特殊的教學策略或技巧來得重要。

教學策略以第一章中曾描述的關聯類型為基礎，被分成好幾類。下頁表列出這些關聯的類型及其相關的教學策略。

> 分析性思考與直覺性思考的關聯
> 　比喻
> 　引導式想像／想像力
> 身心的關聯
> 　運動
> 　舞蹈
> 　戲劇／即興創作
> 學科間的關聯
> 　主題式學習
> 　價值教育
> 　藝術統整
> 　故事模式
> 與社群之關聯
> 　合作學習
> 　學校─社群之關聯
> 　全球化教育
> 與地球的關聯
> 　原始的文學作品
> 　環境教育／深層生態學
> 與自己的關聯
> 　文學、故事與神話
> 　寫日記
> 　說故事

■ 分析性與直覺性思考的關聯 ■

　　這類型的連結企圖將線性思考與分析式的思考相關聯。很多論述都指出，我們的思考方式以及在解決問題時很多都是直線性的思考。舉例來說，學生常常被要求一系列的步驟來解決問題：

1. 確認問題；

2. 提出可供選擇的項目或假設；

3. 設定標準以判斷假設之合適性；

4. 根據上述標準選擇項目；

5. 實踐或行動。

這些步驟雖然對解決問題很有用，但卻無法鼓勵學生試著運用直覺感或想像力來解決問題——這對解決問題也很重要。雖然我在《全人學習》一書的第三章曾提過此種試著將直覺性與分析性思考整合在一起的另類模式，但在這裡我想將焦點放在如何運用想像力刺激學生的內在生命，以及如何與傳統解決問題的方法整合。

🍀 比喻

比喻（metaphor）是增進直覺能力的一種方式，我也曾在《全人課程》以及《全人學習》這兩本書中談論過如何將比喻運用在班級中。比喻可以讓學生將平常不會連結在一起的元素產生關聯。合成法（synectics）是一種可以發展學生擁有想像力的一種方法，我將會在後面的章節中提到。

🍀 引導式想像／想像力

放鬆想像力可藉各種方式運用在教室中，其中之一便是應用在協助學生放鬆。一般說來，年紀小的孩子休假後總是興奮異常，無法馬上收心；而年紀大的孩子卻常感受到生活中的壓力。所以，讓孩子們學習放鬆的技巧，他們便能在需要時自行練習放鬆。有一件事是在運用引導式想像時需留意的，那就是孩子握有掌控這個想像經驗的權利。在過程中，他們可以自主地選擇要閉上或睜開眼睛；學生也有選擇參不參與的權利，因為對有些孩子來說，

閉上眼睛會讓他們不舒服。在進行引導式想像時，有一個概念必須傳達給孩子的父母，讓他們知道引導式想像是讓孩子更能掌控自己的內在生命的一種方法。

穆道克（Maureen Murdock）提供了一些在教室進行想像力練習時需注意的事項：

1. 小心地解釋本練習的目的。例如可以朝此練習是讓自己能更專心、更放鬆……等方向來說明。

2. 提供一個適當的練習氣氛。不要讓孩子在練習時出現吵鬧或講話的狀況，盡量讓環境是安靜的。

3. 有些老師喜歡在一早的時候練習，有些則偏好在健康教育課程之後來實施，不論是何時，都需盡量讓練習的時間是連貫的，因為連貫的時間有助於提供一個專心一致的正向氛圍。

4. 練習完之後可以讓彼此分享體驗中的感受。

5. 最後，要有耐心，不要期望會有立即性的改變。當然如果你持續練習，一定會感覺更放鬆而且班級的凝聚力也會增加。（p. 42）

如果可能的話，最好先讓孩子有其他種形式的放鬆練習經驗，因為如果無法放鬆便很難有想像力。下面是一個簡單的肌肉放鬆練習：

> 首先，先注意自己的呼吸，讓呼吸很自然地進行。現在我們即將開始進行身體各部位的收縮、放鬆練習。
>
> 先從腳及腳踝開始。收縮腳及腳踝的肌肉……定住幾秒鐘……現在慢慢將肌肉放鬆……接下來是小腿……收縮小腿的肌肉並定住幾秒鐘……放鬆……接下來是大腿……放鬆……休息一下。接下來是臀部附近的肌肉……收縮並且定住幾秒

鐘……放鬆……繼續是腹部肌肉……收縮……放鬆……接下來將注意力轉至胸部……收縮胸部肌肉並定住幾秒鐘……放鬆……深呼吸……慢慢放鬆……接下來是肩膀……收縮肩膀的肌肉並定住幾秒鐘……慢慢放鬆……並感覺肩膀肌肉的放鬆……繼續將注意力集中在手臂及手掌上……收縮手臂肌肉並且緊握拳頭……定住幾秒鐘……慢慢放鬆……繼續來到頸部……將頸部肌肉收縮並定住幾秒鐘……再慢慢放鬆……最後，將全身上下所有肌肉都緊縮……定住……然後慢慢放鬆……現在，你只感覺到身體是放鬆的。

有時你可能無法進行上述的整個過程，所以可以只簡單地進行整個身體的肌肉收縮跟放鬆就可以了。也可以將放鬆練習和一些身體的活動（例如運動或伸展操）結合著一起做。

另一個可以跟上述的練習結合，也可以單獨進行的放鬆訓練，就是要學生想像一個可以讓自己感到舒適以及安全的地方。這個地方可以是自己的房間或是一個自然的環境，當他們想像這個地方的時候，可以感覺到舒適以及平靜。有些人稱這地方為「安全地帶」，而當他們需要靜下心來好好想像這個地方時，也可以閉上眼睛。

以下是一個在大自然中散步的放鬆練習：

閉上你的眼睛……放鬆……你正走在一條森林步道中，享受著新鮮空氣中穿過葉縫的微風，此時你停下腳步傾聽著森林中的聲音。

你繼續往前走……現在你接近一條奔騰傾洩的河流並聽著流水的聲音，你沿著河邊走直到找到一處可以坐下來的地方……你坐了下來，脫下你的鞋和襪並捲起褲管……將你的

腳緩緩地放進水中……你感受著流水流過腳的感覺……也享
受著陽光灑在身上的溫暖。想像自己可以從河水及陽光中汲
取能量而讓自己充滿元氣，更感受著能量穿過全身的感覺。
當你躺在那裡時，你可感覺到自己是放鬆又充滿能量的……
（暫停兩分鐘）。

　　現在你起身並且享受著新鮮空氣，繼續往前走。

　　有些老師會以引導式想像來幫助學生在考試前放鬆。有一位
德國籍的老師（Roberts & Clark, 1976）發現，放鬆訓練以及引導
式想像可以讓考試成績進步：

　　嗯，我冒險地進行了一個實驗，唯一擔心的就是時間。
因為當我關了燈並開始播放一捲從朋友那兒拿來的商業放鬆
訓練的錄音帶後，一堂四十八分鐘的課已經只剩三十八分鐘
了。學生們坐在椅子上，頭則放進兩手臂中，兩腿平放著。
然後我帶著他們經歷一本以德文寫成的原創科幻小說。因為
時間關係，這部分被縮短為八分鐘。剩下的二十八分鐘，學
生們開始做他們平常必須花三十到三十五分鐘完成的試題。
觀察他們回答試題以及思考時的模樣，完全看不到以往抓頭、
轉筆、緊張以及猛抬頭看時鐘的情況，而且每一個人都很準
時地作答完畢。評分後發現一件很有趣的事，有七位學生得
A，三位學生得B，而且回答的內容也比之前好，多數學生都
不相信這是真的。當我解釋這是因為他們平常所學到的知識
常因緊張、害怕的情緒而無法正常顯現出來，一旦放鬆之後，
所有之前儲存的知識訊息都會被引發出來，此時他們才相信
成績進步的現象是真的。（p. 6）

當然，無法保證放鬆與冥想一定對成績有幫助，但卻有足夠證據證明它能鼓勵學生盡最大的努力。然而冥想卻無法令人變得順從。曾有一位老師要求學校裡的心理師教她一些放鬆的技巧來處理吃完午飯後常常活動過度的孩子，她也時常抱怨班上的學生讓她感到緊張；然而根據觀察發現，這樣的緊張起因於被壓抑的班級氣氛以及不公平的評分標準，當然在這樣的情況下，冥想是無法處理這些壓力源的。

O 專注

引導式想像也是幫助孩子專注的一種技巧。可以藉著讓孩子看手錶上的秒針，或是讓孩子看天上的雲，去數數天上的雲有幾種不同的形狀來練習專注。

另一種很受學生歡迎的冥想類型，便是感覺覺察的練習，當中，學生藉著感官來提高自己覺察與知覺的能力（Morris, 1976, p. 25）。例如：為了增強學生傾聽的技巧，會要求學生安靜地聽教室外傳來的聲音，然後要他們比較所聽到的聲音有何不同；在視覺覺察上則要求學生描述一個他們常常拿得到的物品，例如鉛筆或蘋果；至於在觸覺上則是讓學生觸摸不同織品的材質。

另外一個很好的感覺覺察練習是要學生吃橘子：

首先，雙眼看著橘子，請注意橘子的紋路，是否在表皮有一些不尋常的斑紋？也注意看光線是如何打在橘子上的？這光是否照亮橘子的所有面向？

現在我們準備要剝開橘子。請先感覺橘子的表皮，當你碰觸到橘子時請閉上眼睛，仔細地注意橘子的表面紋路。

現在睜開眼睛並且慢慢地剝開橘子，當你剝開橘子皮時請注意它的紋路，現在開始將橘子一只一只地剝開，並慢慢

地放進嘴裡，慢慢地咀嚼，品嘗它的味道，並吞下它。依相同的動作慢慢地重複。

藉著想像力來增進專注的能力也可以應用在其他的學校生活。

○ 在科目上的應用

引導式想像可以應用在課程上以增加學生對某科目的了解與興趣。下面的例子說明了引導式想像對學生在電子學的學習上是有幫助的。

這個特殊的練習是讓學生想像變壓器周圍的磁場。當教室的燈慢慢變暗後，老師要求學生放鬆、放空，並要他們想像自己是一個帶磁性的極小物質——電子。此時他們看見自己就像電子一樣地進入兩線圈之間的磁場，接著進入線圈中體驗著因磁場快速改變所引起的運動。圍繞著線圈的兩個磁場相互作用著，也越來越靠近，這讓電子的移動速度越來越快。在活動之後，老師與學生討論剛剛的經驗。

隔天，當學生看到書本中有關感應線圈的內容時，學生說他們可以很容易地想像書中所描述的狀況。學生們在實驗室的表現也證實了這一點。對我來說，這樣的體驗是值得的，因為之前的教學從沒像這次這麼成功過。（Roberts & Clark, 1976, pp. 7-8）

以下這個活動可以讓孩子將抽象科目的學習與內在生命產生連結。透過引導式的想像，這些科目不再是身外之物，而是自己的一部分。惠特曼曾描寫一個孩子如何透過想像，讓自己變成他們所想像的物體來學習的過程：

孩子每天出門所遇見的對象，就是他將成為的對象。

而這個對象在當天或在多年中都將成為他的一部分，或者是當天甚或是多年中的某一部分。

早生的紫丁香會成為孩子的一部分；草皮、紅白相襯所映出的清晨時光、麻雀的叫聲、三個月大的小羊、一窩小豬、一匹小馬、一頭小牛，在池塘邊的泥沼……，這些都將成為這孩子的一部分。（引自 Goleman et al., 1992, p. 57）

如果你的學生正在學習水循環的課程，那麼下列的引導式想像練習也會對學習有所幫助（Seiquist, 1975, pp. 35-37）。

在這個想像的過程中你將是非常平和的，而且會有一個愉悅、有趣、舒適、非常安全、不會有任何傷害的旅程。你可以隨心所欲做你想做的事。當你體驗完這個過程後你會感到精神百倍、完全輕鬆、心情平靜並充滿活力。

讓自己參與這趟旅程……走吧！……踩著自己的步伐……跟隨自己的腳步……讓自己盡可能完全投入。

想像有一座又大又冰冷的湖水在山腳下，湖面是靜止不動的……在黎明時分，太陽從黃紅色逐漸消散的雲中漸漸升起……你浸淫在這一片寧靜之中……你感受著所有的感覺……你環顧四周看看所有看得見的東西……傾聽這清早的聲音……嗅著新鮮的空氣。

想像水，現在你將變成水，將變成透明無色、乾淨無雜質的水，你正漂浮著，浮在湖的表面。享受這一切，感覺那些水支持的你，好讓你這小頑童漂在上面。

太陽上升中的熱烈光線穿透了你身體的深處，你充滿了日光。讓那光線照射，體驗那道光線穿過你，感覺陽光充滿

你的身體，帶著光彩奪目的明亮光線。

當太陽升得更高，你覺得越來越溫暖，漸漸變輕而且擁有更多能量，你持續地擴展，而且開始上升，溫和的、無形的，你越來越高，直到你被吸收到如波濤洶湧般的柔白、灰色雲層裡。

感覺你自己被友善、柔軟的雲支撐著、滾動著，感覺你自己和雲一起上升並快速地向上，往多峭壁的山峰移動。

當你越升越高，一陣清新冰冷的氣流改變了你。你立即進入了一片無窮的、多樣的、光彩奪目的美麗雪花中。

你輕輕地下降到海洋、較低處的柔軟雪堆裡。當你逐漸降下時，陽光穿透了你，你開始閃耀著如彩虹般的光芒。體驗你的美麗與燦爛。

你繼續下降，輕巧地、無憂無慮地、優雅地往下掉。輕輕地，你掉進了柔軟的雪堆裡，而你也不再下降了。在陽光下休息，準備完成你的旅程。感受到太陽的高溫，讓它燃燒吧！讓自己完全地溫暖，感覺溫暖的能量流過你。

讓自己充滿陽光，讓它流過全身，感覺光線的能量和力量，體會它的燦爛，你已經變成了光的中心。

你休息後又充滿新的力量，你準備要移動了。你發現中午溫暖的陽光已經將你變成透明的液體，你再度成為液體了。你開始往山下移動，隨著路徑時而快、時而慢，當你流動時，感受一下自己的動力！

你加入了其他的水的行列，時而左、時而右的移動。時而在上、時而在下，總是沿著阻力最小的路徑，按照自己的速度流動著，並且找到路徑回到湖裡。

你現在已經接近最低點了。你到達那面湖，在水面上流動，並開展自己，在那裡伸展、變大、漂浮，感到水支撐著

你，享受已經完成一趟多變而令人興奮的旅程之後的歡愉。
了解自己廣大的潛能，明白你的美麗和能力。

當你準備好，回歸為自己並且回到這個房間，繼續閉上
你的眼睛，留一些安靜的時間給自己，你將充滿活力而輕鬆，
精力充沛而寧靜。

維持現狀，現在你是人，你也記得你曾經是水，記住你
的潛能、你的機動性、你的力量，你的各種不同的形式，記
得你充滿光和能量。讓你更常經驗自己，如同今天你所有的
一樣豐富，當你準備好了，睜開你的眼睛並且和這個房間及
身旁的人做些交流。

這個水循環說明了引導式想像不只可以讓學生與上課科目相
連結，亦能增進其創造力，在體驗後，學生可以寫下或畫下他們
的經驗。蒐集最多引導式想像跟學習的科目相關聯的資料者，莫
過於蓋林（Beverly-Colleene Galyean）的《心像》（Mindsight）一
書。她將引導式的認知想像應用在拼字、語言藝術、社交學習、
數學以及科學。以下是一個關於數學中角度的學習體驗：

準備期：讓學生知道如何建構各種不同角度或形狀，如果可
　　　　能，讓他們先以不同的材料如卡片、繩子或紗線做
　　　　一個形狀。
想像：想像自己正隱身於自己做的形狀中（暫停一下）……
　　　開始從角 A……到角 B……角 C……角 D……當你在不
　　　同角落時，你覺得空間是一樣的嗎？形狀相同嗎？（暫
　　　停一下）……站在此形狀的中央……當你環顧四周
　　　時，你看到什麼？（暫停一下）……到此結束。藉著
　　　想像，你可以準備好以充滿活力的姿態回到工作上（暫

停一下）。（p. 151）

○ 創造力

引導式想像同時也是一種增進創造力的方法，就如同之前在第五章中提到用以整合各種新點子的醞釀期的功能。創造力的培養與冥想，跟想像一樣，都需要一個從個體內全然放鬆的狀態，也都必須免於受到自我的牽制。以下是一個藉著想像以增進創造力的練習。學生須先讓自己全然放鬆後再開始本練習：

你現在處於一種很容易想像的狀態，而出現在你腦海中的想像是如此地栩栩如生。這些想像可以讓你在創作、科學研究或創造性問題的解決上得到靈感。當這些想像出現時，你感到如此地放鬆，這些想像的畫面越來越清晰，湧現得越來越多。此時就讓它們湧現，並在自己的內在感官之前看著它們出現、消失，看著它們相互結合或又各自分離。你一直看著這些想像出現，此時你將慢慢打開心理層次感受的大門。在這較深層的內在層次中，讓想像能進入自己的心靈跟身體，你可以依自己喜好決定待在這層次的時間。當你回到現實生活時，請記得曾有過的想像。在潛意識中，你可以選擇記住一個印象最深刻的想像。當你以此種方式想像時，那個畫面會很清晰，而且很容易出現新點子，且點子會湧現得越來越多，這對創造性工作將很有幫助。（Samuels & Samuels, p. 258）

要求學生回到一般的意識狀態，並告訴學生所有進到內心層次的想像都可以被應用到創造性的工作上。在沙弗瑞（Savory）和伊倫米勒（Ehlen-Miller）的《心路》（*Mindways*）這本書中，也

提供了很多可以增進創造力的練習。其中之一便是要求學生將所有想像拆開並重組，這個稱為「拆卸與重組」的過程，將對醞釀期有很大的幫助。而稍早提過的合成法也是另一個發展創造力的方法。

○ 自我概念

最後，想像力也可以用來增進學生對自己意象的了解。以下就是一個例子：

> 想像一天清晨，自己正走在前往學校的路上，你的心情非常平靜也很輕鬆。當你走進校園時，你很高興地對老師、同學打招呼；你可以很輕易、很自由地就跟同學聊了起來；你很喜歡跟同學在一起，而你也感覺到同學很高興看到你的出現。
>
> 你走進教室並坐在自己的位置上，你非常有自信地展開在學校一天的生活。你不僅很容易就吸收了新知，而且你能解決任何出現在眼前的問題，縱使不是馬上找到答案，你依舊保持輕鬆並充滿自信。現在起，想像你正參加考試，看見自己振筆疾書的樣子，不需花太多時間思考或推敲就能寫下答案。
>
> 現在想像自己正參與班級的討論。你不僅在討論中能提出有貢獻的想法，而且也能正向地看待自己的貢獻。
>
> 現在想像自己正面臨一種困境或難題。想像自己可以很輕鬆而且很有自信地處理這些問題。就算結果不如預期，但你仍然覺得自己處理得很好。
>
> 現在你看著自己放學，離開學校。在學校的這一整天讓你感覺很棒，同時你也期待著明天的到來。

　　當然這種方式雖無法代替學習，但卻可以讓孩子以較正向的態度來面對學校與學習。

　　在第四章我曾經提過，部分老師會在班級中運用想像力的例子。有一個每天在班級中運用想像力的小學老師，他對想像力應用的感想值得一提：

　　　我第一次聽到關於將冥想應用在孩子身上的，是在一個創新教學法的進修研習上，在研習中，《兒童的冥想》（Meditating with Children, 1975）這本書的作者羅茲曼博士（Dr. Doborah Rozman）在其著作提到關於如何在教室中進行冥想的方法。她提到專注力和想像力都是透過冥想來發展的，其中也提到教室中溝通氣氛是如何被營造的。這個過程可以協助孩子找到自己內在的平靜與專注，這些也將成為他面對或處理未來成長過程中可能的考驗之能力。

　　　研習結束後的隔天我就決定試試看。因為第一次帶領小朋友進行冥想，我無法確定他們會有什麼反應，再加上不能預期孩子回家後跟父母親描述我所做的事之後會有什麼樣的反應，所以我有一點點緊張。但是我仍然讓孩子繞著我圍成一個圓圈，我告訴他們將進行一場可以讓他們更有活力、能提高專注力的體驗。我要他們閉上眼睛，做五次深呼吸、放鬆身體的每一個部位，並且在他們想像著今天是美好的一天、也能很棒地完成所有的工作時，專注地凝視兩眼間的星星。進行完練習後，我要他們緊縮身體、回到現實、睜開眼睛，並且靜靜地坐著。然後我要他們去做平常會做的事，令我驚訝的是他們都做到了。

　　　有些孩子早上到學校後並不會直接進行打掃工作，而是無所事事地亂跑或跟其他同學聊天，直到我提醒他們之後才

乖乖地做事。但在進行完這個體驗練習後，他們都改善了上述的狀況，而且在中午以前都能全神貫注地學習。雖然在中午後他們就會開始煩躁，也開始不專心了，但是整個上午的情況確實是不一樣的，這是他們第一次如此專注於他們該做的事情上。這樣的結果後來也被證實是一致地，因為每天早上我們都進行一次體驗練習，而孩子們也都能很快地做事，他們總是能持續三個小時的專注。我開始享受這前所未有的教學經驗，同時也發現自己與班級越來越接近。以前我總覺得每一天都是忙亂的，但現在孩子們所散發出來的能量影響了我，而我也散發出熱情，這就是一種良善的互動與循環。

帶領團體時，老師也許無法全程閉上眼睛，因為可能會有一些小朋友無法專心而出現干擾的行為。此時你可能必須伸出你的觸角，以確定孩子們沒起身亂跑或做鬼臉的情況。也許你會聽見咯咯的笑聲，這是因為有人被逗弄了。在規律的練習下，孩子們會慢慢習慣，此時就不需如此嚴密地監視他們，因為他們已經可以很快地進入練習的情境。

在我開始進行體驗練習之前我會先告訴孩子，如果違反規則，例如：大叫或未經允許就跟其他人說話等，那麼將要接受在休息時間撿拾廣場垃圾的處罰。一個星期後，當我開始進行專注練習時，沒有一個學生被處罰。

在我開始進行冥想前，我發覺沒有一個學生會專心聽我說話，就跟其他老師或父母所知道的，要讓所有的孩子同時聽到自己說話是多麼困難。然而在進行完冥想之後，我發覺所有的孩子都能全程專注地聽我說話，他們都非常專心地眼睛直視著我。此時，我便開始從我的內心深處跟他們的內在生命對話了，我覺得他們好像能聽到我更深層的聲音。

（Stephanie Herzog, 1977, pp. 87-88）

當然，有部分老師或家長對於在教室中進行此種體驗有一些意見，且保守派的團體也強烈反對在教室中進行引導式的想像，更有一些老師在進行想像練習時是不舒服的。如果有這些反應出現，可以不使用。請記住，並沒有一種所謂特殊的方法可以達到全人教育的目標。然而，如果你可以在教室中進行引導式的想像，我會鼓勵你這麼做。因為它是我們可以觸動學生內在生命的主要方法之一。

■ 身心的關聯 ■

🍀 運動教育

在北美，運動教育已經大量地在小學中進行。運動可以幫助孩子與自己更和諧地相處，也可以幫助孩子知道自己是誰、知道自己可以做什麼。運動教育也強調孩子的感覺與身體間的關係發展。當孩子可以藉著運動而舒服地表達自己的感覺時，他會擁有較正向的自我意象。

運動對孩子來說是一種建立信心的方法。先以孩子們熟練的運動開始，再慢慢地在這些運動上建立孩子的信心，他們便能更正向地看待自己。孩子在嬰兒時期便已經利用身體進行探索與學習了，因此運動教育可以藉此生理發展為基礎，將其整合後應用在教室裡（Witkin, 1977, p. 68）。

你可以藉由簡單的活動來開始運動的課程：

1. 伸直手臂。
2. 利用手臂做一些字母的圖形——例如：以雙手做出 V 的形狀。

3. 利用手臂與手指做出下雨以及下雪的動作。

4. 用雙臂飛翔，先學小鳥再學飛機的模樣。

5. 以手臂做出游泳的動作——先做出類似一個人在游泳池游泳的樣子，再學魚的模樣。

瑞秋・卡爾（Rachel Carr, 1977）在《做一隻青蛙，一隻鳥或一棵樹》（*Be a Frog, a Bird, or a Tree*）這本書中提供了如何利用伸展自己的身體以學習動物模樣的方法。簡言之，就是教孩子模仿某種動物或物品。例如：眼鏡蛇，孩子們可以模仿蛇的樣子拱起自己的背並發出嘶嘶的聲音。

至於蝗蟲，孩子們變身為昆蟲，並將腳高高地拱起就跟蝗蟲一般，進行這個體驗時，老師可以輔以實體的照片或圖片。

孩子也可以將身體拱起好似一把弓，並想像有一把箭在自己的手臂做成的弦上，準備射出。

孩子可以練習的還包括貓，像是模仿貓前腳跪著，並用右膝撥弄前額，發出喵喵的叫聲，接下來以左膝撥弄前額，並重複此練習。

孩子也可以模仿躺著的獅子，醒來後睜開眼睛並吐出舌頭、發出獅吼的聲音。

另外，孩子也可以模仿樹。他們將雙手高舉過頭做出樹頂端的樣子，並持續一陣子，將一隻腳抬起來放在另一隻腳的大腿上，數到十之後換另外一隻腳。

最後一個體驗是海綿，孩子只需要以背躺著即可。

這些不同的練習也可以整合成一齣齣小喜劇或默劇，卡爾在她的書中（1977, pp. 83-86）提到的小喜劇有：斧頭與樹、貓與鳥、龜兔賽跑、大黃蜂與割草機、弓與箭以及橋下的泳者。

🍀 舞蹈與戲劇

　　舞蹈也是一個讓孩子與自己的情感接觸的機會。舞蹈強調的是發展孩子們的動作知覺，也就是要孩子有能力控制自己的動作，並能真正地感受到動作。經由此等身體上的活動，孩子可以學會表達自己的情感。透過姿勢，他們可以形塑自己內在的某些想法。因此，舞蹈不再只是一種動作而已，而是透過視覺想像從內在情感所表達出來的一種運動。

　　例如：孩子必須在他們的概念中放進抽象的害怕形式，才能透過舞蹈表達害怕，而在探索害怕的概念時，孩子們必須找到一些動作來表達他們對害怕的想法。他們可以透過想像力的協助而想到解決這個問題的創意方法。如此一來，就能經由想像力發展出如何透過動作以表達害怕的方法。

　　達到這種層次的舞蹈有不同的步驟（Dimonstein, 1971, pp. 8-10）。一開始孩子盡情地探索各種不同的動作，接下來是即興創作。孩子開始將情感與動作相結合，雖然此時他們並未達到舞蹈的層次，但他們已開始將動作視爲是自我情感表達的一種方式。

　　在舞蹈的層次中，孩子們透過身體的活動以及給予內在情緒一個特定形狀的方式來深化對內在情緒的知覺，也能以一套肢體的活動來表達一些特殊的想法或主題。然而，舞蹈跟說故事是不一樣的，舞蹈強調的是象徵物所代表的「隱喻意義」（p. 13），而身體則是表達此種象徵時的核心。透過舞蹈孩子可以發展「肌肉知覺」或「動知覺」，更可以感受各個動作並不是分離獨立的而是整體的一部分，也因此可以感受到一種流暢跟律動的感覺。當孩子發展了肌肉知覺時，他們也學會了表達自己的情感。如此，舞蹈便是孩子表達「內在生命」的一種方式。

　　以下是一個關於舞蹈的簡單例子（Witkin, 1977）：

選出班上的一位孩子依照指示做一些動作，可能是用一隻手、用頭、用肩膀或是用腳，再將班上其他同學分成兩部分，一部分模仿那位學生的舞蹈動作，另一部分則以敲打方式或使用自製樂器來奏出背景音樂。然後在跳舞的那群學生中再挑選一位，依著現有的節奏跳另一種舞蹈動作。你可以挑選四到五位記得這一系列動作的學生也這麼做，於是你將會有一套以原始配樂編排的舞蹈。在我的班上，我會鼓勵孩子運用自己的想像力，並將每個人的想像整合成一個和諧又有美感的舞蹈作品。為了讓孩子們能在有限的時間中丟出創意，可以將學生分組，每一組都提供一個部分的創意。試著將每組想出來的舞蹈與音樂能相襯，再將每段襯好音樂的舞蹈結合在一起，變成班上完整的舞蹈作品。最後，你會非常驚訝這樣的結果。（pp. 142, 147）

班濟（Benzwie, 1987）曾設計很多有趣的體驗練習活動，這些活動主要的焦點放在空間、韻律感、命名、語言、溝通、雕刻、藝術、音樂以及幻想。

一般說來，運動與舞蹈最適合幼稚園或小學階段的孩子；對大孩子來說，我會建議進行戲劇或即興表演。戲劇可以讓大一點的孩子邊說邊演，因此可以將情緒與行為連結。我的同事寇特尼（Richard Courtney, 1982）曾經設計一套音樂，提供老師在進行戲劇時使用。

■ 學科間的關聯 ■

各學科間關聯的概念已經遍及北美各州立教育當局或地方學校。學科與學科間的關聯有不同的層次（如圖 7.1）。

統整的／全人的課程

多重學科連結	學科間連結	超學科連結或全人的
分開的各科目，可能在內容上會有些關聯	在某些問題、疑問或特定的主題上，統整兩個或三個科目	圍繞著廣泛的形式或主題上，統整幾乎所有相關的科目

傳遞	交流	轉化
	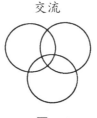	

圖 7.1

第一個層次稱為多重學科連結（multidisciplinary），在這層次中，各學科是獨立分開的，但彼此間卻又有一些關聯。舉例來說，歷史老師可能會以某個文學或藝術作品來說明某一段特殊時代的歷史。第二個層次是學科間連結（interdisciplinary），在這層次中有二至三個學科會因為某些議題而統整在一起。例如：為了調查都市交通狀況以及相關都市計畫的問題時，公共政策、經濟學、設計學以及數學等學科會被統整起來。而第三個層次為超學科連結（transdisciplinary）層次，在此層次裡有多種學科因為某種類似貧窮與暴力等的開放性議題而被統整。不論是哪一種層次的學科連結，其中所提及的概念都會變得比較多元與複雜。

♣ 價值、想像與課程整合

道德兩難以及價值判斷的議題提供了課程統整的機會，而童話故事或神話便是其中一種用來統整課程的途徑。童話故事藉著豐富的想像與其他學科有著很多不同層次的連結。布魯諾·貝特

漢（Bruno Bettleheim, 1975）在他的《魅力的運用》（*The Uses of Enchantment*）一書中，曾經討論過如何運用兒童文學誘發兒童之道德發展。他特別強調道德教育以及內在生命發展的重要性。

　　就是因為他的生活一團混亂，因此才需要提供他更多的機會，以了解身處在這需要面對卻又複雜世界中的自己。故得幫助孩子從自己混亂的情緒中找出一些判斷力。他需要一些如何讓自己內在房子井然有序的概念，在這個概念基礎上便可以創造自己循規蹈矩的人生。他需要——在目前的社會中似乎很難被重視的——「道德教育」的陶冶，也需了解道德行為的好處，這些需要不是透過抽象概念的傳遞，而是一種具體、可親身實踐的體驗，這對他才真正具有意義。
（p. 5）

　　貝特漢的「內在房子」（inner house）指的是孩子想像力的部分。他強調童話故事可以滿足孩子的某些發展需求，因為它們讓孩子能以創意處理內在的衝突。童話故事也加速了孩子的成長，因為它讓孩子在反思以及想像童話故事裡隱含的意義之過程中找到了問題的答案。由此可知，童話故事提供可以讓孩子達到自我實現的象徵性幻想題材，因此，他鼓勵孩子處理衝突也支持孩子個人的統整。

　　想像力也能讓孩子發展道德觀或擁有正確敏察社會秩序的能力。例如：一直以來被視為想像力展現的藝術創作，便常被用來表達道德感。在二十世紀中非常有影響力的反戰宣言就是畢卡索的畫作〈格爾尼卡〉（*Guernica*），畫中他描繪出了在西班牙內戰中被轟炸的村莊。

　　藉著想像力也能看到道德與社會領域間的新關係或可能性。

在蕭（Shaw）的〈聖女貞德〉（*St. Joan*）這齣戲中，有一位年長的神職人員對於每一個世代都因缺乏想像力而重蹈覆轍這現象有所責難。這個神職人員目睹一位年輕女孩被火焚燒的景象，這個將人綁住並加以焚燒的行為，讓他感到十分震驚。於是他問：「難道一定要讓每個年代都有一位像耶穌基督一樣痛苦死去的人，才能喚醒大家對想像力的重視嗎？」

由麥克費爾（Peter McPhail）所發展的課程教材也鼓勵各學科間的關聯整合。教材中他以呈現生活中的問題為主，而學生則需要引用各種不同學科的知識，才能處理與面對這些問題。引導式想像也可以運用在價值教育上，這種形式的想像力教學，很適用於由麥克費爾所發展出來的某些生活化的教材。例如：「有人在你父母親背後批評他們時，你會有什麼反應？」此時學生可以先坐下來，然後想像自己對此情況的各種可能反應，此時或許會出現各種可能的想像，這些都要被記錄下來然後帶到團體中討論。

引導式想像允許學生使用直觀內省，因此可以提供一個更具整合性的方式進行道德教育。角色扮演是協助學生道德發展不可或缺的一種方法，辛普森（Elizabeth Simpson, 1976, p. 167）認為想像力可以用來促進孩子融入角色扮演的過程。藉著想像力，我們可以覺察他人的情緒與想法。在合成法中有一個例子可以說明想像力在角色扮演中的功能。合成法是由高登（W. J. Gordon）所發展出來一種增進創造力的方法，它使用比喻來促進創造的過程。高登（Gordon, 1966）描述了四種與角色扮演有關的不同層次的想像。第一個層次只描述事實和所想像的細節；第二個層次則是加入了情緒的描述；第三個層次包括了對現存的事物具同理心的感受。高登舉了一個學生想像自己是螃蟹的例子：

我是一隻遊手好閒的螃蟹，我有一個堅固的殼保護著我，

你可能以為我可以輕易地脫下它，但我不行。我還有一對很大的螯，看起來像是一副武器但我卻很討厭它們。我揮舞著螯可以嚇到很多人，但卻無法輕鬆地擁有它們。為什麼我不能像其他螃蟹一樣？說正經的，這個螯並無法嚇到任何東西！（p. 24）

　　第四個層次則包含對無生命體的同理感受。像合成法那樣的課程可以應用於價值教育上，因為它能增進角色扮演的技巧，讓學生很快地融入角色中。當學生能想像自己是其他角色中的人物時，便能較容易地解決道德上的衝突，因為他能了解別人的觀點是什麼。

　　創造性的想像也能刺激道德性的推理。如果缺乏想像，學生就如同缺少認同的對象以及一致性的想法。然而，這樣做也有它的危險性，因為想像力會產生一種順從的集體迷思。例如，納粹的種族優越迷思導致了大屠殺的慘劇。想像力必須注入智慧和批判思考才能提供一個以現實為基礎的內在生命。

　　道德想像如何應用於道德教育上，可以從社會運動的計畫中看出來。某些學派會讓學生參與類似要求社區停止種族歧視等之類的社會運動，例如：「弗瑞德紐曼公民行動計畫」（Fred Newmann's Citizen Action Program）。

　　創造力想像可以引導一個社會的道德觀以及實踐此道德觀須有的改變，創造力亦能協助學生認同一個合適的行動計畫。舉例來說，如果種族正義是學生的核心價值，則區辨是否具種族正義的題目就會出現在學生的考試題目中。道德觀可以幫我們釐清社會運動的方向，道德觀對於馬丁·路德以及甘地這樣的人來說是很重要的。馬丁·路德的「我有一個夢」（dream）、甘地的「建構計畫」（constructive program）都提供了一種社會運動的形式。

他們實踐自己所堅持的道德觀促使了社會的改變。道德觀使很多人在越戰期間抗拒被徵召，因為他們無法想像自己參與一場不公平戰役的景象。

　　道德包含我們整體的存在，不單指我們所具備的推理或學習概念的能力而已，而價值教育則應該提供一種可以讓學生對基本整體道德問題反應的環境。

❦ 藝術

　　藝術也是統整各種課程的一種方法。如同前述，華德福學校就是以藝術來進行課程統整的，在這裡繪畫、音樂、運動以及故事以不同的方式被整合在一起。李查斯（Richards, 1980）曾經指出為何可以在華德福學校看到藝術對直觀能力發展的影響，但在我們的文化中卻看不到：

> 　　這種直觀的能力是個人對生理感官的一種全心全意地、想像式的體驗。這也就是為什麼藝術對所有的學習都是那麼重要、而忽視藝術會導致整個社會貧乏的原因了。缺乏這種靈性的滋潤，我們會變得跟盲人一樣，也很容易被表象愚弄。（p. 73）

　　與大自然融為一體的戲劇也可以整合很多學科跟技能，像是語文、數學，或是如迦納所說的多元智能（例如：空間智能、內省智能以及人際智能等）。

❦ 故事模式

　　杜瑞克（Drake）與他的同事在 1992 年發展出一種統整各個課程的特別方法。這個方法事實上是超學科（transdisciplinary）的

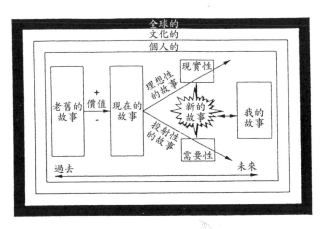

圖 7.2

一種方式。這方法要求老師跟學生一起創造一個「新的故事」，因爲以機械理論模式將每件事情都分開來看的老方法已經失效了。該模式如上圖所示（圖 7.2）。

1. 確認現在的故事爲何會處在一個變遷的狀況。

2. 藉著看過去或老舊的故事來確認衝突的原因。

3. 穿透未來的探險：投射性的故事（如果我們繼續根據老故事中隱含的價值行事）；理想性的故事，則可能藉環保團體、綠色和平組織、未來學家、女性主義者及全人敎師等團體對未來非傳統觀點的驗證所提出的建議而被發展出來。此方式將引導出這些即將出現的故事中所隱含的價值。

4. 藉著整合理想性故事中的現實性以及投射性故事中的需要性，創造出一個新的故事。

5. 發展出一個新的行動計畫以便使得此新故事能早日成眞。這些步驟改寫自方恩斯坦（Feinstein）及克里普納（Krippner）兩人合著的《個人神話》（*Personal Mythology*, 1988）一書中。

請注意：在故事發展的過程中，學生所有的敘述都與其文化有關。（S. Drake et al. 1992, p. 12）

這種模式不僅可以讓不同的學科間產生關聯，甚至可以朝向超越學科的層次發展。

■ 與社群的關聯 ■

社群是整體論的核心，因為每一個社群都隱含著人與人之間的聯繫。一個全人教師在任何地方都會盡可能地促進社群的形成。我曾經在《全人課程》與《全人學習》書中提過使用小團體或互助合作的方式可以協助孩子在班上形成社群。當學生在小團體中面對面並且能深入了解他人的內心深處想法時，彼此的刻板印象或成見就被打破了。

拉齊爾（David Lazear, 1991）也指出了學生可以增進人際關係的技巧。在他的《認識的七種方法》（*Seven Ways of Knowing*）一書中曾描述老師可以在班級教學中教授迦納的理論，其中有一個章節是將焦點擺在人際智能的發展。在這一章節提到的體驗練習包括停止打量他人、創造且持續性的合作、發展同理心、「我」的概念構圖、肯定他人等等。例如：在「我」的概念構圖中先以自己為出發，然後再劃出不同的區域與興趣。每個人可以將自己的圖與他人分享，而此圖也就成為兩人之間討論的話題。

另外一個重要的社群連結是建立起學校與社區間的橋樑。這橋樑的形式可以非常多樣性，包括探視看護之家以及志願打掃社區環境等等，同時邀請父母參與學校的活動也很重要。例如：有些學校會在年初之時，邀請家長到校與老師共同設定孩子未來一年努力的目標，而學期末的會議則是檢驗孩子達成目標的情況。

這是我聽過關於家長參與學校事務中最有意義的事情。

還有一個重要的連結就是讓孩子跟地球產生關聯，使其了解自己是地球公民的一份子。穆勒（Robert Muller）在 1984 年提出一個「世界核心課程」（world core curriculum）的概念，其中強調某些概念、原則與價值是全球生存的根本。穆勒也建議全球的學校都要將焦點放在基本的宇宙議題中，好讓學生知道自己是地球村的一員。

其他像派克以及沙爾比（Pike & Selby, 1988）所寫的書《全球教師和全球學習者》（*Global Teacher, Global Learner*）對老師在教導學生成為地球村之一員上，也提供了很多有用的課程教材。

■ 與地球的關聯 ■

湯瑪斯‧貝瑞（Thomas Berry, 1988）指出，在與地球的關係中，我們變得越來越自我中心。因此，我們必須重建與自然的關係，並且將自己視為環境的一部分而非與之分離的。雖然環境教育是其中一種方法，但我們也可以運用自然又原始的文學創作如《撫觸地球》（*Touch the Earth*），來喚醒我們與自然間的關係。看看下面這一段文字：

> 我們幾乎可以在每件自然的事物上看到靈性的運作：像是太陽、月亮、樹、風跟群山。有時候我們可以藉著上述這些飾物來接近靈性的境界。有那麼不好嗎？我認為我們比那些叫我們異類的白人在生命中有更真實的信念與更強烈的信仰。……印第安人的生活是與大自然為伍的，而那些控制自然、主宰自然的人則是無法在黑暗中生存的。你知道樹在說話嗎？它們真的在說話。如果你傾聽，你會發現樹對每一個

人說話。麻煩的是白人從不傾聽，他們從不傾聽印第安人的聲音，所以我也不覺得他們會聽大自然的聲音。但是我卻從樹身上學了很多，例如：學會看天氣變化、學會辨別動物等等。（McLuhan, 1972, p. 23）

另外一本在環保意識上很有幫助的一本書是《地球祈禱文》（*Earth Prayer,* Roberts & Amidon, 1991），其中有很多可以讓人每天念的詩詞，可以加深環保意識。

在華德福學校裡，學生從幼稚園起所用的任何東西都是木製品而非塑膠製品，這所學校本身就是一個孩子可以與自然接觸的地方。

■ 與自己的關聯 ■

孩子需要發展健康的自我與深層的自己。健康的自我來自感官能力的發展，這感官來自於各種像讀、寫以及解決問題等不同的技能表現。

本章中已經討論過的很多技巧，如想像力、比喻、藝術、戲劇以及各種溝通的連結，這些對深層的自己的發展都很有幫助。在《全人課程》這本書中我已經討論過一些可以健全深層自己之方法，像世界宗教、沉思、華德福學校教育；此處我把焦點放在文學創作、日記以及故事上。

❦ 文學創作

強納生・卡特（Jonathan Cott, 1983）指出孩童的創作文學對其內在眞我的發展扮演著重要的角色：

在華滋華斯（Wordsworth）的「不死頌歌」中，他說「我們的出生是一種沉睡與遺忘，而且年齡越大，越不容易清醒，但兒童文學作品卻能幫我們從中清醒」。它能讓我們經驗最初、最深的情感，也連結了過去與未來，從中我們可以找到自己。（p. xxii）

卡特的書中對於兒童文學如何喚醒兒童與成人有很好的介紹。其中不僅介紹了西方文學也包括非洲文學。在非洲，小孩被視爲來自無形世界的使者。卡特引述恩尼（Pierre Erny）的《兒童與宇宙：非洲的社會心理學》（*Childhood and Cosmos: The Social Psychology of the Black African*）：

如果從孩子身上看到天使，教育就出現特殊的方向了。它變得謙卑，它指引了達到永恆生存的方向。孩子帶著它比它給孩子還多。它使欣然接受它的人恢復精神、重新生活。用虔誠、讚美、自由、自信、感恩來照顧孩子，而不是權威、控制與擁有。（引自 Cott, p. 189）

🍀 寫日記

日記提供孩子一個反思經驗的機會。其中重要的是老師必須讓學生知道有哪些人會看到他的日記。有些人會公開日記讓老師與其他學生閱讀，但也有老師鼓勵學生將日記視爲個人隱私保存。

日記重視的是個人的反思而不是每天生活的流水帳，這對部分學生來說可能是困難的事。此時想像力以及比喻活動的練習將對學生在撰寫日記上有很大的幫助。

近年來有很多的日記是回應式札記（response journals）要學

生針對閱讀後記錄下自己的感想或情感。此種日記讓學生在閱讀時不再只是被動地接收訊息，而是能讓自己融入其中。

🍀 故事

近年來，故事也常被老師使用在教學上。我們可以用故事來反映或解釋某些事。所蒐集的故事也可以是文化中的神話，而且在該文化中大家都知道它所代表的意義。佛萊（Northrop Frye）以及坎伯（Joseph Campbell）便指出歷史中不同文化都會透過故事發展出大家都知道的意義。例如長久以來，我們總會圍著營火說故事，這個過程讓我們了解了過去和現在的文化。

克藍・伊根（Kieran Egan, 1986）認為，幾乎每一個學科都可以透過故事來組織跟呈現，特別是在語文類的科目。跟學生說故事，然後設計很多與該故事有關的活動，這些活動可以是測量、唱歌、運動、日記寫作、想像力或其他與故事相關的活動。華德福學校一開始就強調說故事，它特別重視故事是「說的」不是「念的」。在華德福學校說故事前會先點起蠟燭，以表示說故事是一件很特別的事，而教師的聲音也要有抑揚頓挫才能讓故事更有趣，才能讓學生充滿想像。

故事也要能超越語言上的限制。史維姆（Brian Swimme）與貝瑞（Thomas Berry）在 1992 年曾提出一個很有力的論點，他們認為關於宇宙的形成是我們所居住的地球的主要故事。基於我們對宇宙歷史的科學性理解，屬於宇宙的故事必須統整人類學、社會學以及宇宙論等知識才能成為現代神話故事。讓我們以大撞擊來開始關於宇宙的故事吧！

……賦予生命與存在的意義。這個故事在盛大的祭典中被傳誦著，它對人類歷史進程的發展，提供了具引導性與源

源不絕的能量，也提供了關於個人或團體行為的參考。（p. 1）

　　由史維姆與貝瑞勾勒出來的宇宙故事，企圖以「敬畏、愉悅和遠景」來統整對此科學上的理解。這個故事也強調在故事中人類所遭遇的困難，以及未來我們會如何讓這個故事發展下去。很重要的是，這個故事透露出，我們是如何與天地萬物生命產生關聯的。

　　透過這個故事可以知道，我們有共同的生命起源。而每一個在地球上的生命體都是我們的兄弟姊妹。縱使是不同物種的生命，都源自於宇宙中最初的開始。（p. 5）

 參考資料

Benzwie, T. (1987). *A moving experience: Dance for lovers of children and the child within.* Tucson, AZ: Zephyr Press.

Berry, T. (1988). *The dream of the earth.* San Francisco: Sierra Club.

Bettleheim, B. (1977). *The uses of enchantment: The meaning and importance of fairy tales.* New York: Vintage Books. Copyright 1975, 1976 by Bruno Bettleheim. Used by permission of Alfred A. Knopf, Inc.

Carr, R. (1977). *Be a frog, a bird or a tree.* New York: Harper Colophon Books.

Cott, J. (1981). *Pipers at the gates of dawn: The wisdom of children's literature.* New York: McGraw-Hill.

Courtney, R. (1982). *Re-play: Studies in human drama in education.*

Toronto: OISE Press.

Dimonstein, G. (1971). *Children dance in the classroom*. New York: MacMillan.

Drake, S., Bebbington, J., Laksman, S., Mackie, P., Maynes, N., & Wayne, L. (1992). *Developing an integrated curriculum using the story model.* Toronto: OISE Press.

Egan, K. (1986). *Teaching as storytelling.* Chicago: University of Chicago Press.

Ghiselin, B. (1952). *The creative process: A symposium.* New York: A Mentor Books.

Galyean, B. C. (1984). *Mindsight: Learning through imaging.* Berkeley, CA: Center for Integrative Living.

Goleman, D., Kaufman, P., & Bay, M. (1992). *The Creative Spirit.* New York: Dutton.

Gordon, W. J. J. (1966). *The metaphorical way of knowing.* Cambridge, MA: Porpoise Books.

Herzog, S. (1977, December). Meditation for children. *New Age.* 1977.

Lazear, D. (1991). *Seven ways of knowing.* Palatine, Ill: Skyline.

McLuhan, T. C. (Ed.). (1972). *Touch the earth.* New York: Pocket Books.

McPhail, P., Ungoed-Thomas, J. R., & Chapman, H. (1975). *Lifeline.* Niles, Ill: Argus Communications.

Morris, J. (1976, December). Meditation in the classroom. *Learning.* 1976.

Muller, R. (1984). *New genesis: Shaping a global spirituality.* Garden City, NY: Doubleday.

Murdock, M. (1978). Meditation with young children. *The Journal of*

Transpersonal Psychology, 10, 29-44.

Pike, G., & Selby, D. (1988). *Global teacher, global learner.* Toronto: Hodder & Stoughton.

Richards, M. C. (1980). *Toward wholeness: Rudolf Steiner education in America.* Middletown, CT.: Wesleyan University Press.

Roberts, E., & Amidon, E. (1991). *Earth prayers from around the world.* San Francisco: Harper Collins.

Roberts, T., & Clark, F. (1976). Transpersonal psychology in education. In Gay Henricks and James Fadiman (Eds.), *Transpersonal Education.* Englewood Cliffs, NJ: Prentice-Hall, 1976. Originally appeared in *Transpersonal Psychology in Education,* Fastback Pamphlet Series, #53. Copyright by Phi Delta Kappa Educational Foundation, 1975.

Samples, B., Charles, C., & Barnhard, D. (1977). *The wholeschool book,* chapter 11. Reading. MA: Addison-Wesley Publishing Co., Inc.

Samuels, M., & Samuels, N. (1975). *Seeing with the mind's eye.* Copyright 1975 by Mike Samuels. M.D., & Nancy Samuels.

Seiquist, J. (1975, Fall). A guided fantasy: Water cycle. *The Confluent Education Journal,* No. 2. Used by permission of *The Confluent Educational Journal.*

Simpson, E. (1976). A holistic approach to moral development and behavior. In T. Lickona (Ed.), *Moral Development and Behavior.* New York: Holt, Rinehart & Winston.

Swimme, B., & Berry, T. (1992). *The universe story: From the primordial flaring forth to the ecozoic era.* San Francisco: Harper.

Witkin, K. (1977). *To move, to learn.* Philadelphia, PA: Temple University Press.

第7章 全人教學

如何成為全人教師

The Holistic Teacher

第 8 章

總 結

✳

「宇宙間唯一確信可以改善、突破的困境，就是你自己。」
——赫胥黎（Aldous Huxley）

　　本章一開始我要先針對全人教育的某些部分提出問題，特別
是關於本書中核心主題的部分。

■ 問題與討論 ■

❀ 自我觀照

冥想是一種解脫嗎？

　　冥想不是逃離社會活動的一種方式，它讓我們的生活有更多
的平衡。一般而言，它包含許多活動，冥想提供一段沉靜的時間

與空間讓我們可以找出問題的癥結點。冥想可以被視為是幫助我們恢復、增加活力以及與別人共事時能更加澄澈明淨的一段過程。

冥想危險嗎？

對大多數人而言是不會的，但也有一些人發現自己在冥想時會急躁不安或經驗到某種程度的困難。若你發現自己有這樣的現象，那麼請立即停止或縮短冥想時間，另外冥想時須有合格人員陪同、引導。

一般而言，冥想應該被視為是協助我們安靜片刻的一種簡單活動，當我們不再把事情看作是很嚴重時，問題會變得比較容易解決。冥想不應被認為是個很重的負擔或被賦予過度的期待，在冥想時我們應該把焦點集中在「當下究竟發生什麼事」，而非尋求「崇高」或「光明」的感覺。

何者是冥想最好的形式？

沒有任何一種形式是冥想最好的方式，冥想有很多方式，重要的是找到最讓你舒服自在的一種方式，一旦你找到了，可別認為那對每一個人都有用。

我需要一位老師來協助我進行冥想嗎？

冥想是可以自學的。我們可以利用坊間的書或錄音帶即可開始冥想練習，只有在一些特定的情境中，才會需要協助的老師。如同剛才所提，如果你在冥想練習中經驗到一些困難或是你將冥想當作靈性發展密集訓練計畫的一部分，那你就需要老師的指導。

冥想不會使我的情感變得麻木嗎？

當然不會！冥想可以協助你更清楚看到你的情緒，不管你生

氣或開心時，你會敏察到這些情緒，也許它可能降低一些像是憤怒情緒的負面作用（例如：增加緊張感），然而，它並非麻木的。一般而言，冥想會讓我們的覺察能力更好，有一些研究亦顯示冥想會提高對他人的同理心與敏察度（Lesh, 1969）。

想像練習的目的為何？

想像計畫的擬定可以設定一些目標。首先，想像可以用來幫助你解決不同的問題，例如：緊張感、自信以及身心失調的疾病。想像法也是一種問題解決的有效工具，因為想像可以幫助我們找到新的解決方式。最後，想像可以幫助我們與深層的自己溝通，並提供我們成長的「場地」。

花時間想像和作白日夢是否是件很蠢的事？

證據顯示，人會週期性地作白日夢——舉例而言，每九十分鐘一次——尤其當我們需要運用想像力時。同時也有證據顯示，想像是構成創意發展所不可或缺的，我們正在學習如何刺激想像力來形成全人發展的一部分。

■ 專注課堂情境 ■

為何我需要在課堂中使用像是引導式想像與運動等專注活動？

使用這些活動的理由包括：

1. 放鬆：這些活動讓學生冷靜下來並學會控制自己的行為，簡而言之，這些方法是學生學會真正自律的根源。
2. 它們幫助學生學習專注，這些活動都需要學生心無旁騖，因此可以幫助他們在課業學習上更加專注。

3. 有些證據顯示這些活動可幫助學生增強其自我意象，而自我意象又與課業表現有關，因此增加自我意象是重要的。

4. 引導式想像也可協助學生找到學科學習與內在生命間的連結，如果我們無法找到關聯性，學習對學生而言就變得無關緊要了。

這些活動如何與我現在的教學計畫結合？

這些活動有許多是很容易跟體育課程整合在一起的。例如：運動後，可以接著放鬆及想像練習，這可以在體育課程中加以融合。集中練習活動也可於一天初始或課間時運用，以幫助學生能盡速進入學習狀況。如果在平常的基礎學科中使用，也許你可以利用一天當中的特定時段來進行這些活動。

進行這些活動時，要讓學生感受到自己是不受威脅或強迫的，沒有人應該被強迫必須要用什麼特定形式來進行這些活動。舉例而言，在想像練習中，學生要知道：沒有什麼是真正「對」的想像，這些活動也不是用來規範學生或讓課堂情境更安靜，每個學生都需被鼓勵用他／她自己的方式來參與集中練習的活動，所以這也是個別化計畫。

什麼樣的專注練習方法最適用於教室情境中？

律動活動在學校已獲得支持，特別是在小學這個階段。律動與體能活動為全人教育提供了一個很好的起點，直覺性思考模式的發展同時也適用於教室情境，像一些藝術、空間知覺活動和創造力等可開發右半腦的活動，都可運用於此。想像力和引導式的想像法也可包含在內，但教師必須要花更多時間營造適當的氣氛。

我如何評量全人教學的成效？

　　一開始可以透過觀察，無論你注意到班級處於何種氣氛狀態，你都可以觀察學生在活動中是如何互動的。你的班級看起來一切穩定嗎？學生是否能更有效率地專注於他們的學習？也許你可以用更客觀的評量方式，例如：你可以比較在使用這些活動前後的班級出席率，或比較學生被送到校長室訓話的次數有無增減；你也可以訪談學生，並建立一個比率的量尺來評估學生在教室中出現好特質（例如：合作）之次數如何。同時，若有另一個老師能協同你觀察班級，這也有助於了解關於學生在這些活動後的成效。

　　一般而言，全人計畫的評量在《全人學習》一書中有更多的討論。顯然，我們需要針對「**學生如何將行為的技能應用於實際生活中**」進行更多的評量，也就是說，我們要盡可能地評量學生如何將其所學實踐出來。凱斯（Case, 1992）曾提到，這種以行為表現為主的評量必須更重視技能與實際情境的整合，他解釋：「舉例而言，與其讓學生僅用外文來回答一連串的問題，不如讓他們參與一場實際的對話；與其解釋他們如何合作、處理一連串的問題來策畫一趟旅行，不如讓他們實際去執行。」（p. 16）

　　凱斯所提到的第二種評量的形式就是「**學習檔案**」，若學生將其所學記錄、整理成學習檔案，那麼評量者可以看到學生學習的發展與完整性。根據凱斯的說法：「學習檔案可以是大量學生作品的陳列，其中可包含參考書目的註解、藝術作品、錄音帶、閱讀報告、表格、圖、畫、小品文（草稿及完成品的複製本）、團體報告、筆記、同儕評量、方案、壁畫的照片、自我評量、測驗回答、錄影帶（演示）和工作紀錄等等。」（p. 17），學習檔案特別有助於在師生討論會中提供資料。

　　第三種評量方式較為自然，也就是凱斯所謂的「**真實評量**」，

真實評量包含教師匆匆寫下的筆記、觀察以及每天在課堂中所做的紀錄。例如：老師也許想觀察某位特定學生，並記錄其「作業完成度、書本閱讀數量、特定行為的發生率或在團體任務中學生互助合作、共同參與的頻率」等訊息（p. 18）。

在全人的脈絡下，真實評量是一種合適的評量方式。因此，我們不能只以某些特定想法（例如：紙筆測驗）來評量成效或只能在教室情境中介紹全人教育。

■ 自我觀照的方案 ■

下列的方案包含一些你可以觀照自己的建議，選擇方案中能令你感到自在的部分。不要覺得非要完成所有方案不可，相對地，請針對那些合適你的方法或建議敞開心胸吧！

❧ 冥想與想像力

冥想基本上是一個讓我們內在安靜下來的過程，好讓我們清楚這一切到底是怎麼發生的。這裡提及兩種達成冥想的基本方式，第一種方法包含用冥想來處理壓力問題，並且讓我們的日常生活更有效能；第二種方法強調靈性的發展，在其中我們可結合冥想與靈性發展的練習。當然，冥想並不一定得很制式地循著這些步驟，但你自己必須很清楚進行冥想的目的為何。我們所進行的第一種方法是有特定目標的（例如：減壓）；而在第二種方法中，冥想是生活的一部分，亦是我們生命整體的一部分，我們使用冥想來提升自我，使其更能達到精神層次的和諧。

你可以依照自己喜好尋找最合適、和諧的方法，有些人也許偏好想像力練習的形式。嘗試各種可能適合你的方法，一開始可以選擇並嘗試二至三種方式，在試驗期過後，只選擇其中之一。

選定之後不要任意轉換，即使這種方法似乎不那麼有效，而你也覺得無聊，你還是要持續練習。因為，在這段期間，我們才能更清楚地看見自己，真正的成長才會發生。冥想不是一種讓我們「亢奮」或經驗到「被庇佑」的技術，它是一種讓我們直接看見自己，並了解周圍世界究竟如何運行的方式。

❧ 放緩腳步

將冥想的心運用於日常生活中是有可能的，當我們投入於活動時，應該花些時間去觀察當下發生什麼事，而不是被忙碌困住。每天早晨，我們匆匆起床著衣、囫圇吞下早餐並急忙離家外出工作；接下來，我們塞在車陣中，當有人開得很慢時，使我們更加不安與緊張。而在工作當中，我們也因處理班級雜務而感受到壓力；在教室情境中，我們較少鼓勵學生嘗試、探索，反而經常是自己總攬了班級經營與教室中的所有雜務。而當工作完畢返家後，面對的是來自家庭的壓力，配偶和小孩不斷地要求我們做這做那。舉例來說，你剛踏進家門時，你的小孩可能衝過來要和你玩，或希望你為他念一則故事。

然而，當我們緩慢自己的腳步後，可以在這些要求當中找到一個平衡點，假如我們可以更從容地過一天的生活，我們就能用更開闊的方式來處理每天的事務。與其一早起來就忙碌不停，我們可以起得更早讓自己從容面對一天的生活；我們可以不用那麼匆忙地與家人共進早餐，可以準時出門讓自己有充裕的時間從容上班。在學校教學時，我們可以允許學生多去探索、嘗試，而非花大量的時間來處理雜事。在加拿大安大略及其他省分，有一項新的準則：把焦點放在成果，而非詳細精確地去關注到每個片段的主題。當然，我們依然要在教學中教授預定的課程或主題，但要有時間和空間讓學生追求其個別的興趣。如果我們不將自己受

限於必須在特定時間中處理特定事務，那麼通常能讓自己較為自在放鬆，並在教學中獲得較愉悅的經驗。

在家時，我們可以嘗試做好時間分配，好讓我們不僅能處理別人的事，也能有時間處理自己的事。我們可以花時間陪小孩，但也別忘了留些時間給自己，如果我們能如此有效地組織生活，在陪伴家人時就能放緩我們的腳步，做到真正的傾聽與「陪伴」。因此，放緩腳步的目的就是要讓我們以更開闊的方式生活。

羅薩克（Rozak, 1992）曾經定義四個全球趨勢，其中就包含「放緩腳步」，這四個趨勢分別是：

1. 分散（Decentralize）；
2. 民主化（Democratize）；
3. 放緩腳步（Slow down）；
4. 縮小化（Scale down）。

當我們放緩腳步後，我們就能名副其實地簡化、單純我們的生活，放緩腳步讓我們較能感受到大地的律動以及我們與周遭生存環境的連結。

♣ 運動

我們一天當中應該要有一段時間，或者至少一個禮拜中有三次從事運動。在運動時我們可以探索自己的身體以及身心之間的關係，運動能讓我們與自己相處時更加舒適自在，並且更能協調地與身體的需求一致。

如同尋找冥想的技巧，我們也應該找到一個令我們舒服的運動方法，一旦找到合適的方法時，要持之之恆，如此一來，當你在跑步、從事有氧運動、走路或任何運動時，都能觀察到自己的成長與身體的變化。

當你投入一項體能計畫時，也許你會變得對體重更為敏感。

幾乎每一個固定運動的人都會開始注意到一些特定食物的作用，你會發現自己開始觀察體重變化，因為你變得更為敏察那些食物對你的影響。

然而，我們不要讓運動練習變成是一種強迫的行為，運動能讓我們探索自己的身體以及身心之間的關係；它不該變成一項自我陶醉的事，它是一種能幫助我們與自己工作的方式，這樣的見解適用於本書所提到的任何一種冥想與想像力練習的技術。換句話說，不要讓自己成為過度熱中的冥想者，因為本書所提到的許多技術是為了讓我們變成一個更完整的人，而非成為一個固執的狂熱者。

🍀 將教學視為服務

學校與班級提供我們許多觀照自己的機會，我們與教職員、學生的關係常能考驗我們的耐心。我們可以利用這些層出不窮的衝突或偶發事件來讓自己變得較為冷靜、開放以及具有同情心，這不是指對學生更加「放縱寬容」，或是讓別人操控我們，因為我們不會對別人比對自己更好。但是若將教學視為是一種服務，就能讓我們用更開放、更不具操控的方式來與他人互動。

舉例來說，假如有一位心中有困惑的學生，因為不知如何開口求助，便常常藉故接近我們，但他接近後又不說明來意，次數多了之後，我們當然容易被激怒。然而如果我們覺察到學生真的需要協助，我們就會馬上處理，並且用更慈悲憐憫的方式來關照自己惱怒的情緒。

有時我們也會發現自己被學校的某位教職員激怒，這樣的情緒我們也需處理。一般而言，這種情緒的出現是由於我們將自己的期望強加於他人身上，希望別人能依照我們的預期來表現，若他們沒按照我們所預期的來表現，我們就會焦躁不安。當我們觀

照內在時，就能觀察到這樣的惱怒情緒，並降低那個激怒我們的人對我們的影響。

賈維斯（Jarvis, 1979）曾適切地簡述這些在教師身上的要求：

> 教學不是工作，而是一種生活的形式，那些尋求限制自己一個禮拜只要工作五天、每天過著朝九晚五的生活，並將其餘時間投入娛樂或家庭的人，將被認為是不好的老師或者只是重視薪水的奴隸（也許兩者都是）。教師的生活中充滿偶發事件，那些學生所帶來的問題，一件比一件更需優先處理：學生前來尋求問題解決的協助、溫習課業、得到較好的成績、談論性別問題、與教練之間相處的情形等等，不管是在課堂上或課後，教師總是不停地給予又給予。我的一個從事教職多年的同事，很喜歡這麼說：「有天將會有個學生走進我的辦公室，並且開心地說：『嗨！我現在的生活完美無比，有什麼事是我可為你效勞的嗎？』我一直等著有這樣的事情發生。」每天到了下午五點，如果他夠幸運的話，就能擁有幾次自我放縱的機會，例如：在餐廳享用五分鐘的咖啡、在教職員研究室抽根菸、跟同事在影印間有個簡短的對話……。下班後，要開始準備明天的課程、批改作業，也許又會接到一兩通來自家長或畢業生打來敘舊的電話。（p. 505）

若用自以為是的自我來處理這些教學上的要求是不容易的。相反地，如果我們能視這些偶發事件為觀照自己的機會，如此一來，我們將會變得較為開放也更具同情心。

父母也會面對相似的問題，在家裡同樣會受到一連串偶發事件的疲勞轟炸，例如：為小孩準備點心、穿脫毛衣與長靴、為小孩說故事等等，但同樣的動作若重複十次以上後，父母親的情緒

便很容易因此而受影響。此時，若我們將這些小小的事件視為是可以幫助我們內觀自我的方法，那麼這些就有助於提供我們新的面向。

🍀 撰寫日記

許多人發現撰寫日記對教學很有幫助。我們有許多寫日記的理由，而日記的呈現方式也很多樣化。例如：它可以是簡單的事件記錄，也能特別是協助你專心一致於內在事件──了解你的想法與感受──的方法，也就是說，日記變成你內在發展的紀錄。你也可以利用日記來進行與自己的內在對話，在其中你可以盡情吐露而不用擔心別人的評價為何。由此可知，日記是協助成長的工具，普羅葛洛夫（Ira Progroff）和其他人已經發展出許多可以探索自己的方法，其中一項日記撰寫的技術可以協助自我了解。以下就是這類型日記所描述的經驗（Simons, 1978）：

> 我想這些年來對我而言最重要的事就是寫作，在強大的壓力下，我感受到自己內在較不具生命力的部分開始分解，變得較具有生命力，我想在我還沒了解到我有多幸運時，就已開始學會空虛與創造力所帶來的苦痛之間的差異！
>
> 我想改變最多的就是我對挫折感受力的部分，我能更深層地經歷生命，再也沒有任何規則或形式能限制我的生命，我不會再主張如何讓自己或他人的生活變得更舒適自在。我收穫成長最多的就是比以前能更深刻地去包容、接納愛與被愛，我也發現在我的內在有條生命之河，它流經我最深層的部分，並將此化為文字，躍然紙上。這是我在這場生命的探險中最後所期望的禮物，我不帶任何懼怕或喜悅地往前看，對於未知的前方只充滿著好奇與極度了解的渴望。（p. 26）

你也可以在你的日記中運用圖像，將你具代表性的圖像描述下來，這些圖像可以代表：在你的日常生活中你如何處理不同的主題。當然，夢境也可以被記錄下來，夢境的紀錄可以與你的想法與感受做連結，並觀察其代表了什麼。

♣ 留白

留白就是讓我們與別人在心理層面上有個空間可以處理自己的需求與所關注之事。簡而言之，我們不能用太多的約束或過多的期待來限制自己。有時候，身為教師，我們會期待自己能掌握班級中所有的學生，然而我們也會發現與某些學生溝通確實有困難。所以嘗試將自我放下，並且去關注到這樣的關係，承認這樣的感受並且釋放這些感覺是很重要的，而透過給予彼此空間這個方式便可以解決問題。例如：如果我們與某個特定學生溝通出現問題時，就大方承認自己的困難吧！並嘗試「退離」一會兒，因為不要企圖期待學生馬上出現轉變。

為我們的生命留白的做法之一就是「旁觀」（witness），旁觀指的是一個超自然的、心靈的空間，在那兒我們可以用較不評斷的方式來看待自己。我們觀察自己進食、開車上班、教書、與同事交談、遭受挫折、擁有美好的感受、感覺焦躁不安，或感覺放鬆等等，透過旁觀可以觀察到這些。

以虛幻（aerial）的觀點看事情和旁觀很相似（Trungpa, 1969）。透過虛幻的觀點，我們可以用較為開放、寬闊，和較具同理心的方式來看待自己以及別人的玩笑或遊戲。

教師最常見的其中一種遊戲就是把自己當作是學生一般，將自己視為是學生的好友或夥伴。然而，很容易發生的問題是，當學生的態度或行為需要被檢視修正時，教師會害怕面質對方，因為擔心會破壞彼此的關係。透過這種虛幻的觀點我們可以看到自

己所玩的遊戲。這種虛幻的觀點不只包含對自我核心部分的凝視、思量或內省，同時也提供一個較為開放、非責難的態度來觀察自己。

　　簡而言之，全人的觀點需要身心靈的整合，這種整合的本質就是用同理、憐憫慈悲的方式接納自己與他人。當我們接納自己後，就不會陷入於失能的行為或遊戲中。「活在當下」是一個幫助我們集中思緒或信念的方式，「活在當下」可以強化我們的同情憐憫之心，同時我們也較不會落入自己錯誤的觀念或幻想中。具同理憐憫的態度指的是簡單並直接地與周圍世界連結，並以一個開放、寬廣的態度悅納自己與他人。

♣ 幽默與歡笑

　　最後，我們需要開懷大笑。其實要融入、陶醉於自己所演出的戲劇中是很容易的。英國作家柴斯特頓（Chesterton）曾說：「天使之所以能飛，是因為他們讓自己很輕盈。」偶爾對我們的行為一笑置之或看看那些幽默的漫畫、事件，對我們在工作上很有幫助，而學生如果知道我們有幽默感，他們會認為親近我們是很容易的。我們也可以將人生視為是一場輕快的舞蹈，它深深地隨著宇宙的旋律而律動。當然也可以為工作與生命重新賦予意義，將它視為一場舞蹈。放緩腳步、冥想、留白、運動以及歡笑，都能讓我們更充實地參與這場舞蹈饗宴，我們的工作與生活也會充滿更多的歡樂、愛與愉悅。

 參考資料

Case, R. (1992). On the need to assess authentically. *Holistic Education Review*, 5, 14-23.

Jarvis, F. W. (1979, March). The teacher as servant. *The PhiDelta Kappan*, vol. 60, no. 7.

Lesh, T. V. (1969). *The relationship between zen meditation and the development of accurate empathy.* Doctoral Dissertation, University of Oregon.

Rozak, T. (1992). *The voices of the earth.* New York: Simon and Schuster.

Simons, G. G. (1978). *Keeping your personal journal.* New York: Paulist Press.

Trungpa, C. (1969). *Meditation in action.* Boston: Shambhala.

如何成為全人教師

The Holistic Teacher

國家圖書館出版品預行編目資料

如何成為全人教師／John P. Miller 著；李昱平、張淑美譯.
-- 初版. -- 臺北市：心理, 2008.09
面；　公分. --（生命教育系列；47012）
含參考書目
譯自：The holistic teacher

ISBN 978-986-191-175-5（平裝）

1. 教師　2. 教學法　3. 全人教育

522.1　　　　　　　　　　　　　　　　　97013349

生命教育系列 47012

如何成為全人教師

作　　者：John P. Miller
校 閱 者：張淑美
譯　　者：李昱平、張淑美
執行編輯：林汝穎
總 編 輯：林敬堯
發 行 人：洪有義
出 版 者：心理出版社股份有限公司
地　　址：台北市大安區和平東路一段 180 號 7 樓
電　　話：(02) 23671490
傳　　真：(02) 23671457
郵撥帳號：19293172 心理出版社股份有限公司
網　　址：http://www.psy.com.tw
電子信箱：psychoco@ms15.hinet.net
駐美代表：Lisa Wu（Tel: 973 546-5845）
排 版 者：龍虎電腦排版股份有限公司
印 刷 者：翔盛印刷有限公司
初版一刷：2008 年 9 月
初版二刷：2013 年 10 月
I S B N：978-986-191-175-5
定　　價：新台幣 200 元

■有著作權·侵害必究■
【本書獲有原出版者全球中文版出版發行獨家授權】